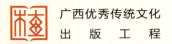

广西优秀传统文化
出版工程

"考古广西"丛书

花山岩画的诉说

陈紫茹 杨清平 车 静 著

扫码获取更多资源

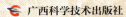

广西科学技术出版社
·南宁·

图书在版编目（CIP）数据

花山岩画的诉说 / 陈紫茹，杨清平，车静著 .
南宁：广西科学技术出版社，2024. 12. -- （"考古广西"丛书）. --ISBN 978-7-5551-2349-1

Ⅰ. K879.42

中国国家版本馆 CIP 数据核字第 2024QV9032 号

花山岩画的诉说

陈紫茹　杨清平　车 静　著

出版人：岑　刚	装帧设计：刘瑞锋　阳玳玮　韦娇林
项目统筹：罗煜涛	排版制作：熊文易
项目协调：何杏华	责任校对：郑松慧
责任编辑：马月媛　韦贤东	责任印制：陆　弟

出版发行：广西科学技术出版社

社　　址：广西南宁市东葛路 66 号

邮政编码：530023

网　　址：http://www.gxkjs.com

印　　制：广西民族印刷包装集团有限公司

开　　本：889 mm×1240 mm　1/32

印　　张：5

字　　数：108 千字

版　　次：2024 年 12 月第 1 版

印　　次：2024 年 12 月第 1 次印刷

书　　号：ISBN 978-7-5551-2349-1

定　　价：32.00 元

总 序

　　在中国辽阔的南方边陲，广西这片被自然与人文双重雕琢的神奇土地，自古以来便是中华民族多元文化的交流、交往和交融之地。它不仅是中华民族多元文化璀璨共融的见证者，更是文化的建设者和传承者。这里，山川秀美，草木葳蕤，河流纵横，众多民族在这里和谐共融、安居乐业，留下的丰厚历史文化遗产，成为中华文明不可或缺的一抹亮丽底色。

　　在古老而又充满活力的八桂大地上，有无数珍贵的文化遗产。它们或隐藏于幽深的洞穴，或散布于辽阔的田野，或依偎在蜿蜒而过的河边，或深藏于繁华的闹市……这些宝贵的文化遗产，是社会发展轨迹和文明进程的缩影。它们不仅见证了广西悠久而辉煌的历史，而且还蕴含着古人的智慧和精神，是我们根系过去、枝连现在、启迪未来的重要财富，更是我们文化自信的重要来源。

　　站在新的历史起点上，文化自信被赋予新的时代内涵和历史使命。党的二十大报告指出，要坚守中华文化立场，提炼展示中华文明的精神标识和文化精髓，加快构建中国话语和中国叙事体系，讲好中国故事、传播好中国声音，展现可信、可爱、可敬的中国形象。党的十八大以来，习近平总书记三次深入广西考察调研并发表重要讲话，充分体现了以习近平同志为核心的党中央对广西工作的高度重视和对八桂各族人民的深切关怀。2017年4月19日，习近平总书记在广西考察的第一站，就是合浦县汉代文化博物馆。习近平总书记在考察中指出，中华民族历史悠久，中华文明源远流长，中华文化博大精深，一个博物馆就是一所大学校。要加强文物保护和利用，加强历史研究和传承，使中华优秀传统文化不断发扬光大。广西优秀传统文化是中华文明宝库中的璀璨明珠，深受中华文化的滋养，同时又展现出鲜明的地方特色。广西优越的地理位置赋予了其独特的地位和重要的历史定位。自秦代以来，灵渠、海上丝绸之路的开通，使广西成为"北上中原，南下南洋"的交通要道。广西利用自身的地理位置优势承接了国家对外经济文化交流的重任，同时形成了独具特色的地方传统文化。广泛分布且各呈异彩的不同时代的文化遗产，承载着灿烂文明，成为今天见证历史，服务国家、民族发展大略，服务经济社会发展，凝聚民族团结之力，提升民族自信心的重要载体。

文化自信是一个国家、一个民族发展中最基本、最深沉、最持久的力量。2020年9月28日，习近平总书记在十九届中央政治局第二十三次集体学习时的讲话指出，"考古发现展示了中华文明的灿烂成就。我国考古发现的重大成就充分说明，我国在新石器时代、青铜器时代、铁器时代等各个时代的古代文明发展成就上都走在世界前列，我国先民在培育农作物、驯化野生动物、寻医问药、观天文察地理、制造工具、创立文字、发现和发明科技、建设村落、营造都市、建构和治理国家、创造和发展文化艺术等各个领域都取得了令人赞叹的成就。这些重大成就展示了中华民族开拓创新、与时俱进、自强不息的进取精神，是蕴涵着丰富知识、智慧、艺术的无尽宝藏，是坚定文化自信的重要源泉"。广西自古以来便是多元文化共融的热土，其丰富的文化遗产是中华优秀传统文化的重要组成部分。为贯彻落实党的二十大精神和习近平文化思想，实施中华优秀传统文化传承发展工程，传承地方文脉，凝聚思想共识，增强文化自信，广西壮族自治区党委宣传部指导策划，广西出版传媒集团组织广西科学技术出版社编创团队编辑出版"考古广西"丛书。

"考古广西"丛书作为"文化广西""非遗广西""自然广西"等丛书的延续和拓展，被列入广西优秀传统文化出版工程。该丛书共10个分册，以翔实的考古资料和多位考古专家多年的研究成果为基础，全面梳理广西的考古遗存，以通俗易懂的语言和大量宝贵的图片，展示广西从旧石器时代至明清时期的最新考古成果和文化遗存，具体包括史前洞穴遗址、贝丘遗址，秦汉时期的城址，唐宋时期的窑址，世界文化遗产花山岩画，明代的靖江王府与王陵，明清时期的边海防设施，以及各时期的墓葬等。丛书集专业性、科普性、趣味性、可读性于一体，深度融合考古学、历史学、地理学、人类学、民族学、社会学等多学科的内容，高度凝聚考古专家多年的研究成果和心血，深入解读广西文化遗存蕴藏的厚重历史，生动展现广西考古、广西文物的时代价值，向世界传播广西声音，展现广西文化魅力，让更多人了解和认识广西，进而增强民族自豪感和文化自信。

提升公众保护文化遗产的意识和素养，传承民族的记忆与文化的精髓，不仅是每一位出版人的初心与使命，更是时代赋予我们的神圣职责。"考古广西"丛书不仅是对广西考古工作成果通俗化的全面展示，而且也是向世界递出的一张亮丽名片，让世人的目光聚焦广西，感受这片土地独有的文化韵味与魅力，以此增强广西的文化自信，提升广西在国内外的知名度和影响力，为广西的文化建设和社会发展注入强劲动力。"考古广西"丛书的出版还是深化全民阅读活动、提升公众文化素养的重要举措。它鼓励更多人走进历史，了解文化，感受古人的智慧与汗水，从而在心灵深处产生共鸣与回响，激发全社会对传统文化的兴趣与热爱。通过这一窗口，广西得以向世界讲述中国故事，展现中华文化的博大精深与独特魅力，促进不同文明之间的交流与互鉴。

"考古广西"丛书寻根探源，传承文化精髓。新征程上，我们以书为媒，共赴考古之约，让宝贵的文化遗产在新时代熠熠生辉，助力民族文脉薪火相传，为中华民族伟大复兴贡献文化力量。

丛书主编　林强

2024 年 9 月

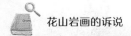

画在悬崖上的"无字史诗"

扫码考古

瞰 世界遗产
视频围观花山岩画，与先祖开启穿越时空的对话。

解 岩画之谜
多维解读骆越文物，揭开峭壁作画诸多未解谜团。

阅 申遗往事
广西世界文化遗产『零』的突破，详解幕后故事。

话 岩画修复
历经风雨传承传奇，揭秘保护工作流程、难点及修复技术。

古老师
AI广西考古研究员
八桂考古智慧伴读，助你寻觅千年历史真知。

目 录

 花山岩画的诉说

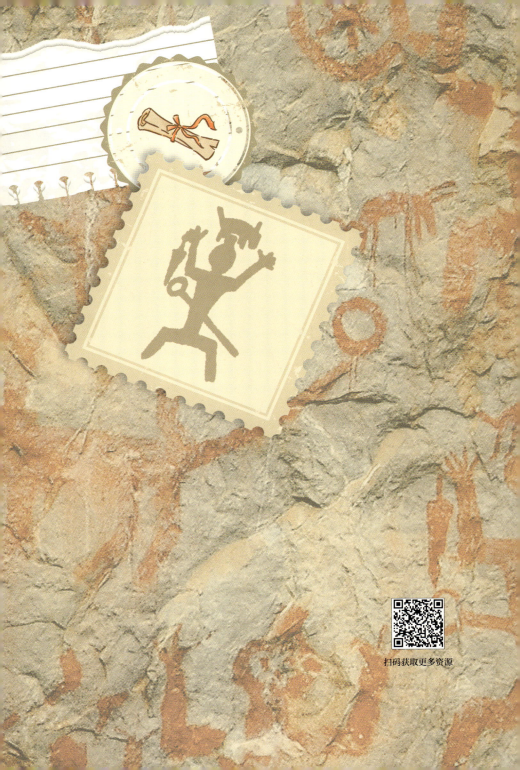

综述：从无人知晓到世界遗产

　　在中国的西南部，广西的崇左市宛如一颗镶嵌在喀斯特地貌中的璀璨明珠。这里的左江及其支流明江，如同两条古老的丝带，在峰峦叠嶂间穿梭蜿蜒。江水两岸，峭壁高耸，常常在一侧形成如刀削斧砍般的绝壁。当你沿江而下或逆流而上，会在这些悬崖峭壁上发现一些奇妙的影像——时隐时现的赭红色人影，仿佛在崖壁上起舞。这些"舞动"的人影就是著名的左江花山岩画中最具代表性的图像——正身和侧身人物图像。

神秘莫测的岩画在江岸崖壁上展览数千年（韦健康摄）

宁明花山岩画局部

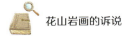花山岩画的诉说

历史上，中原的帝王将相往往将这片南方的广袤区域视为"荒蛮之地"，也是令人闻风丧胆的"瘴疠之地"。正因如此，这里鲜有中原人士的足迹，关于花山岩画的记载在历代史书中也寥寥无几，且出现得相当晚。宋代李石的《续博物志》曾记载：在广南路地区险峻河道的石壁上有如鬼影的淡墨画，船夫行经时，会以为是其祖先的画像，因此祭拜时不敢有丝毫怠慢。

花山，壮语是 PYA LAIZ，意为"有画的山"。"花山岩画"这个名字有狭义与广义之别：狭义上是特指绘制在广西崇左市宁明县明江东岸一座名为"花山"的崖壁上的岩画；而广义上指广西左江流域的众多岩画点（本书所称的是广义的花山岩画）。这些古老的花山岩画在左江两岸静静地矗立了 2000 余年，见证了时间的流转与历史的变迁。

除了大自然的风霜雨雪，左江流域的人们也一直在关注着这些赭红色的神秘身影。这里的少数民族在古代并没有自己的文字，因此左江花山岩画成了他们遐想历史的宝贵资料。岩画的创作者的子孙后代口耳相传着许多关于花山岩画的传说与故事。

中华人民共和国成立后，我们党和政府高度重视民族文化遗产的保护与传承。左江花山岩画作为学术研究和文化遗产保护的重要对象，其调查研究工作终于被提上了议事日程。几十年来，政府多次组织跨学科的考察队对左江花山岩画进行了深入的调查与研究，逐渐揭开了这些岩画的神秘面纱。

如今我们已经知道，左江花山岩画数量众多，分布广泛。

在广西左江流域已经发现了 95 个岩画点，其中 76 个位于沿江地带。这些岩画的图像大体上可以分为 300 组，总计超过 5000 个。而在这众多的岩画点中，宁明花山岩画无疑是最为著名的，它甚至被誉为世界上最大的单体涂绘类岩画。

左江花山岩画风格独特且特征鲜明，图像仿佛是用模板印制而成，千篇一律、高度程式化。这些岩画采用了剪影式的色块平涂法绘制而成，线条粗犷而不失朴拙之美。其中人物图像高度统一，多呈现为蹲踞式姿态。这种独特的艺术风格不仅体现在宁明花山岩画上，还广泛存在于左江流域的其他 90 余个岩画点中。

千古奇书花山岩画

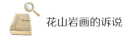
花山岩画的诉说

更为神奇的是，科学家研究发现，这些岩画竟然是用当地的赤铁矿与植物汁液等原料混合调制而成的颜料绘制而成的。这种特殊的颜料使得岩画的颜色呈现出鲜艳的红色，且牢牢地黏附在崖壁上，历经 2000 余年而不脱落、不褪色。

关于左江花山岩画的绘制年代和创作者等问题一直备受学术界关注。经过多年的深入研究与探讨，目前学术界普遍认为这些岩画的绘制年代大致在战国至东汉时期（公元前 475 年至公元 220 年）。至于创作者的身份则众说纷纭，学者提出了"壮族说""唐朝西原蛮说""苗瑶先民说""骆越说""瓯骆说"等多种观点。然而经过数年的研究与论证，大家普遍倾向于认为这些岩画的创作者为战国到东汉时期居住在左江流域的骆越人。

左江花山岩画不仅是骆越人在特定时空范围内创造出来的艺术珍品，更是他们重要的祭祀文化遗存和中华民族共有的文化瑰宝。自 20 世纪以来，随着学者对左江花山岩画的深入调查研究，其重要性及独特的艺术价值逐渐得到了社会各界的广泛认可和重视。经过十余年的艰辛申遗历程，"左江花山岩画文化景观"终于在 2016 年 7 月 15 日被联合国教科文组织世界遗产委员会批准列入《世界遗产名录》，成为我国第 35 处世界文化遗产和第 49 处世界遗产。这个被誉为"断崖上的敦煌"的奇迹终于得到了世界的认可与赞誉。

左江及其明江两岸崖壁上的这些岩画宛如一首首传唱千年的史诗，壮丽辉煌，它们承载着壮族先民骆越人虔诚的信仰与不懈的追求。当我们驻足观赏这些震撼人心的岩画时，会不禁为先民卓越的创造力而感到由衷的敬佩与赞叹。同时，这些珍

第 40 届世界遗产大会审议通过"左江花山岩画文化景观"列入《世界遗产名录》
（朱秋平供图）

贵的文化遗产也激励着我们继续探索、保护和传承祖先留给我们的文化瑰宝。

文化景观：
崖壁上的千古绝唱

　　说起来很有意思，左江花山岩画的作画高手们无不精心选择了绝妙的绘画位置，岩画与山崖、崖下奔腾的河流，还有那崖壁对面或旁边的广袤台地共同构筑了一个个别具一格的文化景观。左江两岸岩画如群星密布，高耸的崖壁则宛如一块块浑然天成的巨大画布，将岩画映衬得更加神秘莫测，震撼不已，令人心生向往。每一处岩画都是历史的见证，是古老文明的印记，让人不禁陷入对往昔岁月的遐想。

人与自然的共同作品

◆▶▶◆

在遥远的战国至东汉时期，骆越人怀着对神明与自然的崇敬之心，精心选择江水转弯处的高耸崖壁，以独特的艺术手法绘制了震撼人心的岩画。这些岩画记录了骆越人的巫术活动与祭祀场景，是自然与人类智慧、艺术创作相互交融的杰出成果。

◆ 得天独厚的自然条件

"青山临碧水，岩画面台地"，每一处左江花山岩画都与其所在的山崖、山崖下的河流、对面或旁边的台地构成一个相对独立且封闭的景观单元。左江及其支流明江将花山岩画的各景观单元串联了起来，整体呈现出"一带多点"的基本格局。

地理位置的优越性为岩画的创作提供了基础。左江花山岩画主要分布于左江河畔的悬崖峭壁上，这些悬崖不仅高耸陡峭，而且多数在其临江的断面形成了一个个明显的内凹形状，仿佛是大自然特意为岩画的绘制者准备的一块块巨大且天然的画布。这样的地理位置不仅确保了岩画能够尽量少地受风雨的直接侵蚀，从而得以长时间保存，还为后世的观赏

河流与典型台地（严造新摄）

者提供了极佳的观赏角度和条件。

当地的气候条件也为岩画的保存提供了有利因素。左江流域虽然属于亚热带季风气候区，高温多雨，但并无极端恶劣的天气条件。相对稳定的气候环境减缓了岩石的风化速度，有利于岩画能够在较长时间内保持其原始的色泽和形态。时间仿佛在此处放慢了脚步，为后人守护着这些珍贵的岩画。

地质结构的影响也不容忽视。左江花山岩画依附的崖壁多为灰黄色的石灰岩，这种岩体具有良好的吸附性，能够使颜料牢固地附着在崖壁上。此外，石灰岩独特的层理结构为岩画的创作提供了丰富的纹理和色彩变化，恰似赋予了岩画生命，使得岩画在视觉上更显生动立体。

　　　　文化景观：崖壁上的千古绝唱

这些自然因素的共同作用，使左江花山岩画成为人与自然和谐共生的典范之作，也为后世留下了宝贵的历史见证和艺术瑰宝。

◆▶ 骆越人智慧和艺术的结晶

左江流域气候温暖湿润、降水丰富、无霜期长，是动植物的乐土，骆越人在此定居，创造出独特的文化。然而，由于当时的生产力和认知水平相对低下，骆越人在各种自然灾害面前无能为力，他们相信某种神秘的力量在支配着这个世界。在此背景下，骆越人敬畏自然、恐惧灾害，相信万物有灵，于是他们在左江边举行祭祀活动，祈求神灵的庇护。在祭祀过程中，他们利用左江流域独特的地理环境，精心挑选江水拐弯处的高大崖壁作画记录祭祀活动场景，以求祭祀活动得以永存。

骆越人通过长期的实践和创新，掌握了在悬崖峭壁上作画的技艺，展现出高超的技艺和创造力；制作出色彩鲜艳且经久不衰的作画颜料，不仅使岩画的色彩能够历经千年而不褪色，更使得这些岩画成为记录历史、传承文化的珍贵载体。骆越人还根据崖壁的形状和大小来设计画面布局和构图，巧妙地将岩画与周围环境融为一体，形成了独特的艺术风格。

骆越人用岩画展示了他们自己的精神世界和社会面貌，也表达了对自然的敬畏和感激之情，同时，岩画的创作也体现了骆越人对美的追求和对艺术的热爱。岩画不仅是他们记录历史、传承文化的载体，更是他们与天地神灵沟通、祈求庇护和繁荣的媒介。他们通过巧妙的构思、高度的概括力和娴熟的绘画技

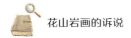

艺，将一幅幅生动传神的画面呈现在悬崖峭壁之上，为后人留下了宝贵的文化遗产。在骆越人的心中，岩画不仅仅是一种艺术形式，更是一种信仰和精神的寄托。

左江花山岩画是一部在世人面前徐徐展开的浩瀚史书，一部值得万世传阅的千古奇书。人们可以从中探寻骆越先民的经济、社会、文化、科技、思维、原始宗教、艺术等方面的历史。它是全人类的文化遗产，具有世界遗产的突出普遍价值。

　　文化景观：崖壁上的千古绝唱

左江两岸散落的宝石

◆▶◀◆

　　左江花山岩画，是深藏在中国广西崇左市宁明县、龙州县、江州区及扶绥县境内的瑰宝。左江花山岩画文化景观申报世界遗产的历程让人们逐渐揭开了这块瑰宝的神秘面纱。这项世界文化遗产不仅包括了沿左江两岸星罗棋布的 38 个岩画点，更囊括了与之相映成趣的山崖、河流、台地等诸多自然元素。这些元素共同勾勒出一幅幅壮丽的文化景观画卷。

左江花山岩画文化景观单元构成示意图

花山岩画的诉说

这项世界遗产规模堪称宏大，总共由三大部分组成，沿江蜿蜒的总长度达到了约 105 千米。想象一下，遗产区 6621.60 公顷的广袤区域，再加上缓冲区 12149.01 公顷的辽阔地带，总面积多达 18770.61 公顷，这简直就是一片属于历史与自然的辽阔天地。

置身于这片天地之间，你会不禁惊叹于眼前所见：沿着左江与明江的脉络，数十个岩画点仿佛是上天撒下的璀璨宝石，它们或隐匿于陡峭的山崖之间，或依偎在宁静的河流之畔，又或点缀在广袤的台地周围。在这里，文化与自然不再是两个独立的存在，而是相互交融、相互映衬，每一处岩画都与其周围的环境元素相得益彰，共同构筑起了一个个既富有文化底蕴又不失自然韵味的景观单元。

◆ 岩画

左江花山岩画是该文化景观的核心组成部分，共有 38 个岩画点（可分为 109 处、193 组），图像总数为 4050 个，其中人物图像 3317 个，包括正身人像 1152 个、侧身人像 2163 个、男女交媾图像 2 个；器物图像 619 个，包括铜鼓图像 368 个、羊角钮钟图像 11 个、细钮钟（铃）图像 5 个、环首刀图像 39 个、有格或有首剑图像 174 个、扁茎短剑图像 1 个、渡船图像 21 个；动物图像 114 个，包括犬类图像 113 个，飞禽类图像 1 个。

如此繁多的岩画点，它们的分布又有何规律呢？经过深入的调查，我们发现，在这 38 个岩画点中，竟有 33 个巧妙地位于江河的拐弯之处。这些岩画，无一例外都被画在临江的峭壁

文化景观：崖壁上的千古绝唱

之上，画面与江面的距离大多在 15～100 米之间，最高者甚至可达 130 米，令人叹为观止。而更为神奇的是，这些岩画的对面或旁边，往往都有一块面积稍大的平坦台地，仿佛是天然的仪式场，供先民祭祀膜拜。

正是这种匠心独运的选址，使得这些岩画点与周围的山体、河流、台地相得益彰，共同构筑起一个相对封闭的景观"场域"。在这片神秘的空间里，岩画仿佛被赋予了生命，与自然环境交融共生，散发出一种难以言喻的神秘气息，让人在敬畏之余，更添几分向往与探索的欲望。

◆ 山崖

山崖是岩画的载体，也是构成整个文化景观的重要自然元素。左江及其支流明江沿岸的山崖，堪称大自然的鬼斧神工之作。左江流域位于热带岩溶地貌区，是典型的峰丛洼地类型。这里山峰林立，仿若手挽手围成的神秘世界，岩画点就隐匿于这群山环绕的秘境之中。

这些山峰，主要由石灰岩、白云岩等碳酸岩组成，在地质作用下，沿着节理面崩裂剥落，又历经岩溶的侵蚀雕琢，终于化作一处处悬崖峭壁。这些悬崖峭壁宛若巨幅画卷凌空铺展，岩画点缀其中，一笔一画都融入了自然的力量，与山水相映成趣。而山崖本身的险峻之势，更为这些岩画增添了几分深不可测的神秘气息，让人在观赏之余心生敬畏。

宁明花山垂直的山崖（韦健康摄）

文化景观：崖壁上的千古绝唱

◆ 河流

左江，这条全长 552 千米的江水巨龙，盘踞在广西壮族自治区西南部的广袤土地上。它是郁江的一条重要支流，滋养着超过 32350 平方千米的沃土，最终融入珠江水系的大家庭。左江之水，自西南翩然而至，向东北方向奔流不息，宛如一条银色的绸带，在龙州、宁明、江州、扶绥等县区间舞动。

而明江，这条全长 315 千米的秀美之流，发源于十万大山的西北麓，她轻盈地穿越上思县和宁明县，最终在龙州县上金乡上金街的西南方 0.9 千米处与左江交汇，开启一段美丽的邂逅。

左江及其支流明江，就如同两条缠绵的玉带，巧妙地串联起沿江两岸的各色景观。它们是左江花山岩画文化景观格局中不可或缺的一部分，为这片土地增添了无尽的韵味与历史的厚重。从古至今，若想亲近那些绘制在崖壁上的古老画卷，非得乘船沿江游览不可，这也解释了岩画中缘何频频出现船的图案——那是古人对生命之江的深深眷恋与致敬。

◆ 台地

　　假设你化身为左江花山岩画中的人物，放眼四周你能看到什么？除了宽阔的河流和雄伟的山崖，还有对岸和山体周围开

美丽的左江（龙州段）

阔平坦的台地。这些台地一般高出江面 15 ～ 20 米，是由江水长期的冲刷作用沉积形成的。如今这些台地多被开垦为耕地，众多村落分布其中，倘若我们站在台地之上，则可想象到 2000 余年前骆越人的生活场景，他们在这片台地上辛勤劳作，播种希望，也在这里举行庄严的祭祀仪式，祈求风调雨顺、五谷丰登。遥望高大崖壁上的鲜红画作，敬畏之情油然而生。在苍茫的天地之间，人类、江水与山峦共同谱写了一曲和谐共生的壮美乐章。

宁明花山及其附近台地（韦健康摄）

当之无愧的世界文化遗产

◆▶◀◆

左江花山岩画文化景观，世界文化遗产中的一颗璀璨明珠。放眼全球，岩画类遗产星罗棋布，然而想要跻身世界文化遗产之列，却要历经层层筛选和严格评定。尽管岩画艺术遗产地成千上万，但能凸显地域核心与独特文化元素的却如凤毛麟角，要论证其突出普遍价值更是难上加难。即便如此，专家学者通过深入研究，证明了左江花山岩画在世界岩画艺术中的卓越地位。左江花山岩画文化景观不仅展示了精湛绝伦的作画技术，还是人类创造精神的杰作。

◆ 古骆越人的杰出创造

左江花山岩画文化景观是在岩溶地貌中利用特定的自然环境而形成的，以岩画为核心、服务于祭祀仪式的"自然与人的共同作品"。它展现了一套新颖独特、内涵丰富且逻辑清晰的图像表达系统——以记录祭祀活动为统一主题、以"蹲踞式人形"为基础符号、历经近700年的积累和演进而形成；它被绘制在大江转弯处、面对江水来向的直立崖壁高处，与自然环境呼应融合，极具视觉效果和艺术表现力，展现了创作者强烈的精神追求和人类与自然沟通的独特方式。它成熟于距今约2000年之时，达到了岩画艺术创作的极高成就，是该时期世界岩画艺术的杰出代表作。

尤值得一提的是其独树一帜的图像表达系统。左江花山岩画的画面之丰富多彩，堪称一绝，它不仅是一幅幅生动的图画，更是群体性祭祀场景的忠实记录，透露着浓厚的原始宗教氛围。细观其间，人物、动物、器物，三者交织成一幅幅鲜活的历史画卷。而在这些图像中，一个特别的形象尤其引人注目，那便是"蹲踞式人形"。这一艺术母题，文化内涵极为深厚，不仅在中华大地上留下痕迹，更是全球范围内岩画的常见主题。但有趣的是，在其他地域的岩画中，"蹲踞式人形"往往只是配角，而在左江花山岩画里，它却一跃成为主角，占比高达82%。左江花山岩画中的这些人形图像，虽然风格一脉相承，但每一个个体都拥有自己独特的魅力，或是头饰不同，或是体态微妙变化，每一处细节都匠心独运。这些"蹲踞式人形"并非简单的重复，而是按照一定的规则巧妙地组合在一起，构成了一个完整的画面。这种以"蹲踞式人形"为核心，通过统一符号来构建整个表达系统的方式，在全球范围内都是前所未有的创新，这无疑是左江花山岩画为世界岩画艺术做出的杰出贡献。

左江花山岩画中的铜鼓形象，是对中国南方历史悠久、至今盛行不衰的铜鼓文化的一种极具象征意义的记录。大量的古代铜鼓在左、右江流域被发现。2000多年来，铜鼓在中国南方的铸造和使用从未间断，铜鼓与当地人们的社会、经济、文化生活紧

　文化景观：崖壁上的千古绝唱

密地联系在一起，形成独特的铜鼓文化。铜鼓是一种乐器，在节庆、嫁娶、丧葬之时，人们常以铜鼓配乐协调动作。但铜鼓又不是一般的乐器，其具有浓厚的神器、礼器和权力重器的色彩。在黔、桂、滇交界的山区，现在仍有不少族群使用铜鼓，他们对铜鼓极为崇拜，或将之视若神灵，或将之当作权力的象征、雄厚经济实力的标志。在一些地区，铜鼓平时被收藏于一些极为秘密的地方，一个宗族中仅有极少数人知道收藏地点，铜鼓的使用需经全体拥有者的同意，且起鼓之后和藏鼓之前都要举行祭鼓仪式。人们宁可无饭吃，也不能无鼓，并把铜鼓当作传家宝，世世代代保存下来。凡此种种，都可见铜鼓在这些地区人们心中的崇高地位。而左江花山岩画上的铜鼓图像，是中国南方尤其是广西地区铜鼓使用和流传最好的历史记录。

左江花山岩画所蕴含的美学价值，实在令人叹为观止。且看，那灰黄色的崖壁之上，赭红色的颜料被巧妙运用，使得整个画面鲜艳夺目至极，视觉上犹如一股强烈的冲击波，直击人心。这种色彩的对比与运用，无疑大大增强了岩画的艺术感染力，让人在观赏之际，能够深刻感受到那种庄重而又神秘的仪式感。红色的力量，在这里被展现得淋漓尽致，仿佛每一寸崖壁、每一笔线条，都在诉说着骆越人对美的独特追求与深刻理解。

放眼望去，那广阔高耸的崖壁上，密布着的红色岩画，无一不是构图宏大、手法独特、色彩鲜艳的。这种千篇一律的红色营造出了一种强烈的视觉震撼。那种古老而又神秘的气息，

以蹲踞式人形为主的图像表达系统

正透过这些红色画面，穿越时空的屏障，向我们扑面而来。这便是左江花山岩画所彰显出的独特美学成就，让人在赞叹之余，更对古人的艺术造诣心生敬仰。

同时，左江花山岩画所展现出的杰出作画技术，也令人叹为观止。左江花山岩画的作画地点陡峭异常，且距离江面很高，让人望而却步。然而，即便在如此艰险的条件下，岩画的整体构图却别出心裁，独具匠心。那画面上的图像虽然密集，但却井然有序，错落有致，显示出作画者对各类图像的造型掌控已至化境。作画者不仅以精湛的技艺控制比例和构图，更能将多种元素巧妙地融合在一起，构造出一幅幅栩栩如生的画面。这一切，无不彰显出了骆越先民超凡的技术水准、深邃的艺术构思、过人的身体素质以及天马行空的想象力。

站在岩画前，我们不难洞察到骆越先民在构思花山岩画时，已将左江的山川景致巧妙地融入其中。他们在选址时，已然对整体景观的布局、视觉效果、精神体验以及祭祀仪式的场景等诸多要素，都进行了全面考虑。这样的景观设计，旨在服务于神圣的祭典，如今也能够再现2000余年前骆越先民与大自然及神明之间那独特的交流方式。左江花山岩画这一文化景观，如同一部跨越公元前5世纪至公元2世纪的史诗，生动地描绘了约700年间骆越先民的心灵世界与社会演进的轮廓。它揭示了骆越先民祭祀传统的深厚底蕴，同时也成为左江流域历史变迁的忠实记录者。

花山岩画的诉说

年代之问：
传统与科技手段相结合

　　左江花山岩画从何时开始绘制，又延续到何时？此等疑问，犹如历史的迷雾，引人探寻。多年来，有诸多学者埋头于此，孜孜不倦。这些研究涉及文献学、考古学、历史学、地质学、化学等诸多学科领域，宛如一张大网，将各个相关方面的资料都囊括其中，并收获了累累硕果。经过众多证据的汇聚与碰撞，学界大致勾勒出了一个轮廓：左江花山岩画的绘制，大约在战国至东汉之间，也就是公元前 475 年至公元 220 年。这一结论并非凭空而来，是基于多种科学方法，经过层层论证得出的结果。

文献：千年历史的低声诉说

◆ ▶◀ ◆

早在现代科学家着手研究岩画之前，那些镌刻在时间深处的左江花山岩画，便已在古人的瞩目与传颂中流传了千百载。透过泛黄古卷的记载，我们得以一窥花山岩画那遥远而神秘的面纱。

最早记载花山岩画的文献是宋代的《续博物志》，其写道："二广深溪石壁上有鬼影，如澹墨画。船人行，以为其祖考，祭之不敢慢。"文中所说的"二广深溪"，或许正是如今的广西左江，而那"鬼影"与"澹墨画"，无疑便是对左江花山岩画栩栩如生的写照。由此可见，至少在宋代，左江花山岩画便已静静地诉说着那古老的故事，当地的行船者屡屡目击，并怀以敬畏之心。

到了明代，张穆在《异闻录》中有言："广西太平府有高崖数里，现兵马持刀杖，或有无首者。舟人戒无（毋）指，有言之者，则患病。"在这里，张穆对左江花山岩画的描述已经十分清晰了，而且还提到行船之人看到岩画不能用手指，否则可能会生病，这透露出当时人们对岩画那难以言喻的敬畏与忌惮。

通过这两段文字记载，我们可以确信，左江花山岩画的绘制年代必然早于宋代。更耐人寻味的是，宋代与明代的文献中，都细致描绘了行人对岩画的反应。在宋代的记录里，乘船而过的人们，瞥见崖壁上的人物形象，便深信那是他们的先祖，虔诚祭祀，不敢有半分懈怠；到了明代，文献则记载了行人们的一种习俗——万不可伸手直指岩画，否则将疾病缠身。这两种截然不同的反应，却都流露出对岩画深深的敬畏之情。人们的这些反应，究竟透露出了怎样的信息呢？

首先，我们得思考一下，那些行船的人们究竟是何许人也？广西，是地处偏远的神秘之地，崇左更是隐匿在西南边陲，四周环绕着连绵不绝的山脉，仿佛与外界隔绝。由此推测，这些行船者，大概率是土生土长的本地人，外地来此的旅者想必寥寥无几。而这些本地人面对岩画时，均显得颇为茫然，他们或仅仅将其视为祖先的遗迹而满怀敬意，或认为岩画是"怪物"，只要指向它就将招致病痛，因此心存畏戒。这些都说明，不管是宋代，还是明代，人们对左江花山岩画并不了解，更别说他们是这些岩画的创作者了。总的来说，通过梳理古代文献的记载，我们可以初步判断左江花山岩画的绘制时间在宋代以前。然而，单纯依赖这些文献材料还不足以精确锁定岩画的具体创作年代，毕竟这些文献的年代相对较晚且数量稀少，所能提供的线索也颇为粗略，仅能提供给我们一个大致的时间下限。因此，要想深入探究左江花山岩画的具体作画年代，我们仍需借助更为科学、有效的方法——那便是考古学的交叉断代技术与科技测年手段。唯有如此，我们才能更准确地揭开左江花山岩画那层层叠叠的历史面纱，领略其背后的精彩故事。

宁明花山岩画第一处第六组中的祭鼓图局部

考古文物：谜题破解的关键线索

左江流域的早期考古学文化，宛如一部跌宕起伏的历史长卷，从贝丘遗址到大石铲遗址，再到神秘的岩洞葬遗址，其演变轨迹清晰而连贯，不仅为我们揭示了该地区古代文化的丰富多彩，更为左江花山岩画的年代学研究注入了新的活力。

在考古发掘中，我们惊喜地发现了与岩画中的人物图像、器物图案相呼应的实物。这些出土的文物或文物中的图像元素，与岩画中的图案极其相似。这些发现让我们在岩画与考古学实物之间建立联系成为可能，也让岩画所反映的这段历史更加生动和具体。

关于左江花山岩画的年代之谜，考古学家巧妙地运用交叉断代法，试图解开羊角钮钟、环首刀、带格或有首的剑、扁茎短剑及铜鼓等岩画图案背后的"密码"。在这场"解谜游戏"中，每位学者都根据自己的"线索偏好"——所选的特定器物，以及对这些器物流行年代的独到见解，得出了各式各样的结论。学者对左江花山岩画之谜的探索，就像是一群侦探在调查同一个案件，虽然目标一致，但因证据和推理路径的差异，观点也各不相同。例如，有学者认为，左江花山岩画的绘制时间始于西汉晚期，而有的学者则坚持认为其年代在战国至东汉之间。

◆ 羊角钮钟图像断代

在左江花山岩画的丰富图谱中，若要说哪一种图案最具年代判别意义，那无疑便是羊角钮钟的形象了。左江花山岩画中的羊角钮钟图案出现在宁明高山岩画的第一地点第五处，以及宁明花山岩画的第一处第五、第六、第八组中，总计发现了超过4幅。岩画中的羊角钮钟图案，钟身形象与出土的羊角钮钟相似：钟身上窄下宽、平口，顶部有明显的羊角形錾钮。图案上的羊角钮钟是悬挂在架子上的，和出土文物中羊角钮钟悬挂击打奏乐的用法相似。

广西钦州市浦北县官垌镇大岭脚村出土的4件羊角钮钟年代约为战国时期；广西百色市西林县普驮屯出土的2件羊角钮钟和贵港罗泊湾出土的1件羊角钮钟年代约为西汉初期；此外，云南昆明市晋宁区石寨山出土的1件羊角钮钟年代为西汉中期，这是目前所知年代最晚的羊角钮铜钟。在其他地方发掘出土的这类羊角钮钟的年代大多为西汉前期和中期。

这些发现在告诉我们，羊角钮钟是战国到西汉中期流行的器物。那么顺着这个线索，我们可以合理地推测，那些描绘着羊角钮钟图案的左江花山岩画，其创作时间也应该与羊角钮钟这种器物的流行年代相吻合，也应该大致在战国到西汉中期这段时间里。

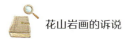

岩画中的羊角钮钟图案

广西出土的羊角钮钟

◈ 环首刀图像断代

环首刀在左江花山岩画的众多岩画点中频繁现身，仅在列入世界文化遗产的 38 个岩画点里，就发现了 39 个此类图像。这些环首刀，多被佩戴在威严的正身人像腰间，尺寸各异，环首形态也略有差异——有的较圆，有的则略呈三角圆弧状。在广西的考古发现中，环首刀作为历史的见证者，在两汉之间大量存在。不过，值得注意的是，这些环首刀上的环首尺寸相较于左江花山岩画中的要小一些。此外，从其他地区的战国时期墓葬中出土的环首刀，其首部形态与这些岩画中的环首刀相似，但刀身的形态却与岩画中的又存在些许差异。综合这些对比并分析，我们可以推断：若以环首刀为线索，去探寻左江花山岩画的创作年代，其年代上限可追溯到战国时期，下限或许可以延伸至东汉。

1980 年贵县（今贵港市）风流岭 31 号墓出土的龙虎纹漆鞘铜削

岩画中的环首刀图案

年代之问：传统与科技手段相结合

◆ 铜剑图像断代

左江花山岩画中还有许多剑的图像，大致可分为有格无首、有首无格和无格无首三种类型。广西发现的青铜剑数量较多且类型较丰富，在崇左、武鸣、田阳、田东等多地均有出土。这

龙峡山岩画中的有格无首剑

珠山岩画中的有首无格剑

宁明花山岩画中的无格无首剑

武鸣安等秧战国墓群的有首无格剑

些铜剑的年代多为战国时期。左江花山岩画中的无格无首铜剑在广西考古中暂未发现对应的实物，却在湖南地区的越式青铜钺上寻得踪迹，据研究，这种铜钺的年代多为战国时期。根据广西出土的青铜剑和湖南出土的有长剑图形的青铜器推断，左江花山岩画的年代有可能早至战国时期。

另一个重要的交叉断代证据是扁茎短剑。在宁明花山岩画中发现了一幅扁茎短剑的图像。该扁茎短剑悬吊于一个正身人像的左下方，剑身与人像的小臂平行，长度略长于小臂。短剑细颈宽肩、无首，剑身上宽下尖，略呈腰身向内收的倒三角形。扁茎短剑在广西多地及云南均有出土，典型的有武鸣安等秧剑、田东锅盖岭剑、田阳内江剑等，其年代大体被确定在战国中晚期，部分甚至可能延续至西汉初年。因此我们可以推断，岩画的年代大致也在这个范围。

花山岩画中的扁茎短剑图像

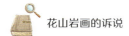

1992年在与左江流域交接的南宁市邕江河段捞获的云纹扁茎铜匕首（战国时期）

此外，还有部分学者从岩画中的铜鼓图案入手，结合渡船和人物图案，与考古发掘出的铜鼓实物及其装饰纹样进行细致对比，也得出了左江花山岩画大致创作于战国时期至汉代之间的结论。不过，这里还存在一些问题：岩画上的渡船、人物及铜鼓图案，它们各自代表的年代范围相当广，简单将它们进行对比，并不能精准地锁定一个时间点。因此，直接使用这些图像进行断代仍存在一定的争议。

尽管如此，通过多种器物进行交叉断代，也足以让我们窥见左江花山岩画的大致年代轮廓。最终结合多重证据综合分析，我们可以确信：左江花山岩画为战国时期至东汉这一历史时期的文化产物。这样的考古类型学断代方法虽不够精确，但在学术界内已获得了广泛的接受和认可。

科技测年：时间断代的铁证如山

◆▶◀◆

考古学是一门关于"时间"的科学。在获取到考古资料以后，我们需要研究判断其年代，这就是"年代学"。考古学的年代可分为相对年代和绝对年代。相对年代是指各种遗迹遗物在时间上的先后关系，一般利用考古地层学和类型学来判定；绝对年代是指遗迹遗物的存在距今有多少年，通常需要使用遗物中的纪年铭文和自然科学手段来测定。然而，纪年铭文只在历史时期存在，而且不一定完全可靠，所以考古学中年代的判断离不开自然科学手段。随着科学技术的发展，测年手段越来越丰富，测定的结果也更准确可靠。在科技考古的领域里，有多种测年技术，如利用放射性同位素、生物规律及物理化学等方法进行断代。由上述测年技术，衍生出了碳-14测年、热释光测年、电子自旋共振测年、钾-氩法测年、铀系测年、树木年轮法测年、古地磁测年、氨基酸外消旋法测年等多种方法。不同的测年方法所能够测定的年代范围和样品物质都有所不同。

那么岩画的断代可以使用哪些方法呢？岩画直接断代这一概念由罗伯特·G.贝德纳里克率先提出，其定义是"利用最可靠的科技手段对岩画的年代进行直接测定，其中包括对岩画相关的岩面刻痕、裂隙、颜料以及沉积物等方面的观察、测试与分析"。岩画的直接断代有两个必要条件：断代标准与岩画物质元素直接相关且不容置疑；测年的结果可以进行科学验证，要求清晰、精确、严谨。在岩画研究中，我们可选择的断代方法有微腐蚀测年法、热释光测年法、碳–14测年法及铀系测年法等。

◆ 微腐蚀测年法

微腐蚀测年法是一种测定岩画刻痕内晶体风蚀程度的断代方法，即通过对各种岩石上制作痕迹风蚀程度的测定和分析来确定岩画的制作年代。其原理是，自然暴露的岩面会受到化学风化作用的影响，这种影响的程度与时间呈函数关系。简单来说，就是岩石矿物颗粒的表面会因为风化作用造成一定损耗。如在岩刻画的制作过程中，刻痕中的矿物颗粒在受到外力的敲凿或研磨后会形成新的截面，并暴露在自然环境中；经过长时间的风化侵蚀，截面由锋利逐渐变得圆钝，形成弧面，这一弧面在微腐蚀断代中叫做"石亏"，这一断代方式就是通过研究石亏的形成与时间之间的关系来进行岩刻画的断代。微腐蚀测年法暂时还不能提供高精度的数据，但由于其可在田野中直接操作，不需要实验室条件，且分析结果是统计数据而非单一数据，并且可以进行无接触采样，因此它具有可靠、方便和经济等优点。不过全球可进行微腐蚀测年的岩刻画数量有限，这是由于微腐蚀分析仅能测定含有石英和长石的岩石类型，并且要求岩石必须长期暴露在降水中，同时其所测得数据的校准曲线有限，因此仅有少量岩画满足微腐蚀测年的条件。目前，我国的青海岩画、宁夏岩画及浙江岩画使用过微腐蚀测年手段。左江花山岩画是岩绘画，不具备开展微腐蚀分析的条件。

◆ 热释光测年法

热释光测年法是释光测年法中的一种，另外两种为光释光测年和红外释光测年，考古学与岩画学中常用的是热释光测年法。热释光测年指的是依据结晶固体在受热或光照下释放能量的现象，采用热刺激让积累的辐射量以光的形式释放，然后通过测量能量来判断年代。这一方法的原理是，当一个物体受热时，在普通红热光之外还发出一种光，这种光是矿物晶格中曾储存的俘获电子的能量释放，其所测得的时间是样品最近一次受热以来所历经的时间。这种断代方法能够测定的年代范围较广，且样品用量少，测量速度快。

微腐蚀测年法和热释光测年法这两种岩画直接测年的手段均未在左江花山岩画中应用，左江花山岩画在科技测年方面，主要使用了碳–14测年法和铀系测年法。碳–14测年法是一种基于放射性碳同位素衰变的测年技术，它通过分析岩画中有机物质（如颜料中的碳成分）的放射性碳同位素含量，来推算岩画的绘制年代。而铀系测年法则是利用岩石或矿物中铀系元素的衰变特性来测定年代，这种方法在岩画所在岩石的年代测定中具有独特优势。通过这两种科技测年方法的综合应用，研究人员能够更加准确地判定左江花山岩画的绘制年代范围，为深

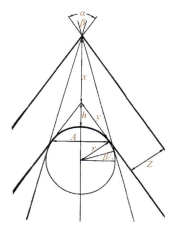

石亏形成的简易图解

入研究这一文化遗产提供了有力的科学支撑。下面，我们将详细阐述左江花山岩画使用的两种测年方法——碳–14测年法和铀系测年法的研究过程。

◆ 碳–14测年法

碳–14测年法也叫放射性碳元素断代法。这一方法于1949年由利比（Libby）教授提出，随后得到了快速发展。植物通过光合作用吸收部分放射性碳，而动物吃掉植物，因而所有生物都含有碳–14。由于循环作用，所有的机体都会通过新陈代谢让自己体内的碳–14浓度与大气中的碳–14浓度保持动态平衡，一旦生物体死亡，这种放射性碳与周围环境的交换就会停止。此后，其中的碳-14得不到补充，原有的碳-14含量就会按照放射性衰变的规律逐渐减少，经过5730年减少为原来的一半，以此类推。因此，根据残留的碳-14浓度，我们就可以计算出生物体与大气停止交换碳-14的年代，即生物体死亡的年代。不过由于碳-14测年可能存在一定误差，因此一般需要运用其他测年法对其进行校正。岩画的碳-14分析主要利用了岩画表面的矿物沉积中所含一半的碳来源于大气这一特点，用矿物沉积中的放射性碳进行分析。

左江花山岩画经历过3次碳-14测年，其中两次在1983年，另一次在1985年，测年样本源于木桩和钟乳石标本。

木桩标本检测。1983年，北京大学考古系的碳-14实验室对位于宁明花山岩画附近的崖壁洞穴内的一截木桩进行了专业的放射性碳元素测定。经过精密的分析与计算，得出的测定结果显示，这截木桩的年代为距今（2680±80）年。为了更准确地判断这一时间节点在人类历史中的位置，研究团队进一步考虑了该木桩在生长过程中所消耗的时间，即从其实际存在年限中减去树木的生长年龄。经过这样的校正处理，最终推断出这截木桩的大致年代相当于我国历史上的春秋晚期或战国早期。据研究人员判断，该木桩是用于协助绘画的，因此，木桩的测年结果可以作为岩画断代的参考。虽然木桩的碳-14年代是可以信赖的，但是木桩与岩画的关系还需要进一步证明。

钟乳石标本检测。同在1983年，北京大学考古系携手其他部门，对宁明花山岩画区域采集到的钟乳石样品进行了严谨的碳-14测年研究。这一测年旨在揭示这些钟乳石的形成年代，

进而为探讨岩画的创作时间提供科学依据。测定结果表明，这些钟乳石的年代跨度较大，在距今 2790—1800 年间，即战国至东汉时期。1985 年，北京大学考古系年代测定实验室又对宁明花山的 12 个样品进行了碳 –14 测年，测定其年代大致在战国至西汉期间。但考虑到各种误差等因素，不排除岩画年代的上下限有波动的可能性，波动的幅度，上限可到春秋，下限可到东汉。

◆ 铀系测年法

铀系测年法，又称铀系同位素断代法，是利用样品中铀系、钍系子体放射性的不平衡性来进行断代测年的技术的总称。在矿物的后期结晶中，铀和钍进入结晶体，含铀系统在不受干扰的情况下长期处于放射性平衡状态。然而，当此系统受到外部干扰时，原本稳定的铀系母体核素与子体核素之间的平衡状态将被打破，它们会随时间或增长或衰减，直至再次达到新的平衡状态。基于这种平衡状态被打破的程度，可以推断并测算出系统自受干扰以来所经历的时间。在岩画研究中，可以运用此方法进行岩绘画的断代。

截至 2024 年底，对外公开发表成果中关于左江花山岩画的铀系测年研究主要有两次。2013 年，澳大利亚西澳大学和伍伦贡大学的学者联合对宁明花山岩画点采集到的 12 份碳酸钙样本进行了铀系测年。经过严谨的数据分析和比对，学者得出结论：花山岩画可能绘制于距今 1920—940 年。

2014 年，南京师范大学的学者赴龙州县沉香角岩画和棉江

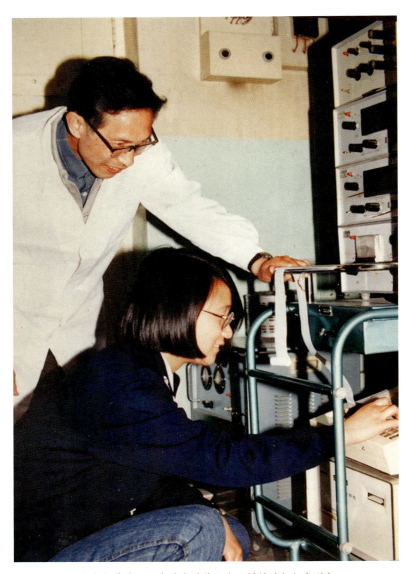

北京大学碳-14实验室对花山岩画材料进行年代测定

花山岩画的诉说

左江花山岩画断代材料时间表

历史时代		商	西周	春秋	战国			西汉			东汉	
					早	中	晚	早	中	晚	前	后
断代材料	羊角钮钟				√	√	√	√	√			
	细钮钟（铃）			√	√							
	环首刀				√	√	√	√	√	√	√	√
	长剑					√	√	√	√	√		
	扁茎短剑					√	√					
	石寨山型铜鼓				√	√	√	√	√	√		
	灵山型铜鼓											√
	越南铜缸					√	√	√	√			
	青铜卣	√	√									
	越式青铜钺				√	√	√					
	花山木桩			√	√							
	花山钟乳石标本				√	√	√	√	√			
综合时间线					√	√	√	√	√	√	√	

花山岩画，以及宁明花山岩画等地进行采样，共采集到与岩画有明确层位关系的次生碳酸盐沉积样品 56 份。为了确定左江花山岩画的确切年代，对其上下 56 层次生碳酸盐岩的矿物质、氧和碳同位素组成进行了研究，并用铀系测年法进行了测年，结果表明，岩画的年代在距今（1856±16）—（1728±41）年，相当于东汉中晚期。

　　研究结果表明，交叉断代得到的年代和科技测年得到的年代具有很高的重合度，综合直接测年和间接测年的结果，学者普遍认为，左江花山岩画的绘制年代约在战国至东汉之间（约公元前 5 世纪至公元 2 世纪）。

图像之奇：
见证文明的历史印记

　　左江花山岩画是岁月镌刻在崖壁上的神秘图像，宛如一部见证文明的古老史书，承载着骆越先民的历史印记。岩画内容丰富，图像以人像为主，记录了远古祭祀仪式的场景，充满了原始宗教的神秘色彩。除了人物图像，岩画中还有各类器物图像、动物图像，以及那些暂时无法精准识别的神秘符号。它们或简或繁，或具象或抽象，共同构成了这部古老史书的丰富内容。

崖壁上舞蹈的蹲踞式人形

◆▶◀◆

　　人物图像是左江花山岩画中数量最多的一类图像，占据了全部图像的88.5％。每处岩画都以人物图像为主，形态分为正身和侧身两种。在列入世界遗产的38个岩画点中，人物图像就多达3315个，占全部图像的81.9%，其中正身图像有1152个，侧身图像有2163个。这些人物图像，无论是正身还是侧身，大都具有一个显著的特征：上肢屈肘上举，下肢弯曲向下。这种独特的姿态，被形象地称为"蹲踞式人形"。蹲踞式人形是人物的舞蹈形象。这些舞蹈形象中有正身舞、侧身舞、独舞、集体舞、领舞、踏舟舞、面具舞等不同的形态，还有横列式、纵列式和圆形式等不同的舞蹈队列组合。在一些规模宏大的舞蹈画面中，众多舞者仿佛伴随着鼓声和钟声，屈肘举手，屈膝蹲足，翩翩起舞，有节奏地不断变换动作和队形，整个舞蹈场面宏大、气氛热烈。这些动态的舞蹈人物形象是骆越人在举行盛大的祭祀活动中，以集体舞蹈的形式敬神娱神，祈求风调雨顺、生产丰收、人丁兴旺的写照，是骆越经济生活、宗教信仰和音乐舞蹈艺术的集中展现。

◆ 正身人像

　　左江花山岩画中的正身人像，双手屈肘上举，双脚平蹲，屈膝向下，上臂大多与肩平齐，小臂则向外斜伸，展现出一种力量与平衡的美感。多数人像并未细致描绘手指，仅少数人像描绘了手指，手指数量在 2～5 个之间，简约而不失生动。人像的身躯形态多样，有的呈上粗下细的倒三角状，有的则上下等宽，还有的腰间呈现弧线内收；下肢多为半蹲姿态，小腿向外撇开，多数未画脚掌。正身人物图像的性别特征不太明显。大部分人像都戴有头饰或发饰，头饰可归纳为椎髻形、佗顶形、独角形、双角形、倒"八"字形、飘带形、规矩形、Y形、"人"字形、三角形、四角形、刺羽形、面具形、芒圈形、

左江花山岩画的正身人像（临摹）

　　图像之奇：见证文明的历史印记

托圈形、独辫形等 16 种。少数正身人像腰间佩戴着或手上握着刀、剑。人像的高度跨度极大，在 0.2 ～ 3.6 米，其中身高 1.0 ～ 1.8 米的正身人像，往往占据构图的中心位置，成为视觉的焦点，占正身人像总数的 50.2%；身高在 0.8 ～ 1.0 米的正身人像，则环绕在中心人像的周围，形成众星捧月之势，占正身人像总数的 30.5%。

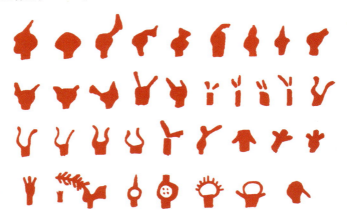

左江花山岩画正身人像的头部装饰（临摹）

左江花山岩画上单髻正面人像

花山岩画的诉说

左江花山岩画上戴面具的人像

图像之奇：见证文明的历史印记

左江花山岩画上双手曲肘上举、双脚平蹲、屈膝向下的正身人像

图像之奇：见证文明的历史印记

◆❖ 侧身人像

侧身人像，基本形态双手要么曲肘上举，要么平直斜伸向上，双腿微分，屈膝半蹲或站立，姿态各异；有面向左侧的，也有面向右侧的，手脚向同一侧伸展。多数侧身人像的头部、颈部和身体相连，形成一条流畅的直线，也有少数人像的头部

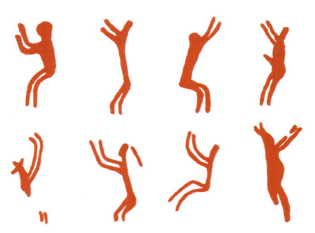

左江花山岩画的侧身人像（临摹）

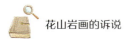
花山岩画的诉说

左江花山岩画中典型的表现祭祀祈祷的侧身人像

略向后仰。大部分侧身人像的性别特征并不明显，少部分人像可以通过隆起的腹部、胸部、头部后侧的长垂辫及小腹下方上翘的短线来判断性别。部分人像有头饰或发饰，头饰可分为长垂辫形、短垂辫形、羊角形、倒"八"字形、三角形和面具形等6种。侧身人像高度跨度比正身人像的要小，为0.3～1.9米，其中有75.77%的人像为0.5～0.8米。

左江花山岩画侧身人像的头部装饰（临摹）

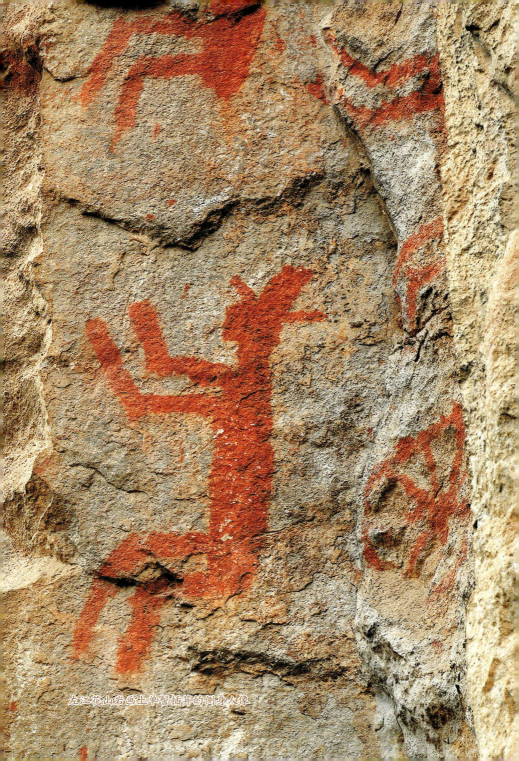

左江花山岩画上单手持样的侧身人像

◆ 左江花山岩画与其他地区的蹲踞式人形图像对比

这种独特的蹲踞式人形是广西独有的吗？答案当然是否定的。事实上，类似的蹲踞式人形岩画在云南、贵州、四川、福建和广东均有发现。

广西、云南、贵州与四川的岩画同属于西南岩画系统，均以涂绘技法呈现，因此蹲踞式人形图像较为相似。然而，从数量上看，左江花山岩画中的人形图像最多，云南和四川较多，贵州则较少。风格上，广西与云南的人形岩画大多较为程式化，四川与贵州则显得灵活多变。在表现方式上，广西与贵州的人形图像既有正面也有侧面，云南与四川则一律采用正面描绘。至于绘制颜料，四地均偏好赭红色，且多采用平涂法绘画，仅少量图像以线描手法勾勒。

云南沧源岩画局部

图像之奇：见证文明的历史印记

贵州画马岩"大岩口"岩画局部（临摹）

贵州画马岩"马马岩"岩画局部（临摹）

四川珙县麻塘坝岩画局部（临摹）

福建与广东的岩画属于东南沿海系统，呈现出截然不同的风貌。这两地虽与广西同属于南方，但岩画的制作方法却与左江花山岩画大相径庭。福建与广东的岩画均为使用凿刻方式制作而成。如福建华安仙字潭岩画，其选址于河道拐弯处的崖壁之上，与左江花山岩画一样，蹲踞式人形的下蹲姿态也与左江花山岩画惊人地相似，但区别在于，左江花山岩画兼具正身与侧身人像，而福建岩画则全为正身人像，且多饰以尾饰。广东珠海宝镜湾岩画中，人形图像与船形图像并存，透露出浓厚的海洋文化气息，或许其船形图像与左江花山岩画中的船形图像存在着某种微妙的联系。

福建华安仙字潭岩画

广东珠海宝镜湾岩画

花山岩画的诉说

◆ 其他文物中的蹲踞式人形

中国最早的蹲踞式人形出现于仰韶文化彩陶中。仰韶文化彩陶中的蹲踞式人像头部、身体和尾部均用同一根线条表示，不作细节刻画，造型朴拙，形象简约，脸部特征不明显。人像双肘向上弯曲，下肢呈蹲踞状。此后，蹲踞式人形图像从中原向甘青地区扩散，并在马家窑文化中大量出现。仰韶文化和马家窑文化均位于黄河流域，除黄河流域外，蹲踞式人形图像在长江流域新石器时代的良渚文化和石家河文化玉器中也有发现。例如，浙江省杭州市余杭区良渚遗址发掘出土的巨型玉琮上就有蹲踞式人形图像。此外，在三峡地区新石器时代城背溪文化的石刻中亦发现有蹲踞式人形图像。

仰韶文化彩陶中的蹲踞式人形

马家窑文化半山类型彩陶上的蹲踞式人形

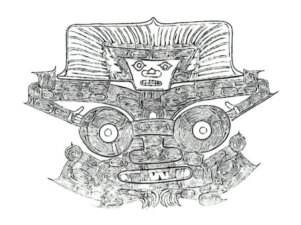

良渚遗址反山墓地 M12 : 98 玉琮上的神人兽面纹

进入青铜时代，蹲踞式人形形象的分布范围和数量均进一步扩大。载体包括陶器、玉器、青铜器以及甲骨文、金文等。彩陶中的蹲踞式人形以辛店文化较为典型。玉器中的蹲踞式人形有正面和侧面两种，

甘肃临夏盐场出土的辛店文化双耳罐

侧面以玉羽人居多。在商代青铜器中，蹲踞式人形分为正身蹲踞、侧身蹲踞和背面蹲踞三大类，其分布范围之广，涵盖了安徽、湖南、四川、广西、云南、河南、陕西等省区。

江西新干大洋洲商墓玉羽人

　　特别值得一提的是，在广西南宁市武鸣区与桂林市兴安县，各自出土了一件晚商时期的铜卣，这两件器物上均铸造有蹲踞式人形图像，且这些图案明显承袭了中原商周时期的艺术风格。基于这一发现，我们有充分的理由推测，左江流域的岩画中所展现的蹲踞式人形，很可能在一定程度上受到了中原艺术风格的影响，是中原与西南边疆地区文化交流与融合的见证。

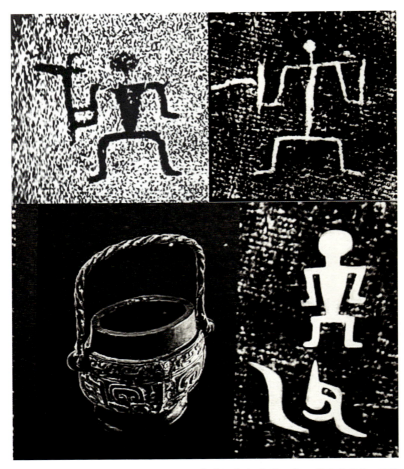

"父甲"簋上的蹲踞式人形（左上）、武鸣铜卣上的蹲踞式人形（右上）、兴安铜卣（左下）及其上的蹲踞式人形（右下）

战国时期的蹲踞式人形多见于青铜器、画像砖、画像石、墓葬壁画和帛画中。战国墓中流行一种头上长角、两手操蛇（或龙）的蹲踞式神人纹饰，这种神人纹饰被认为是太岁神或太一神，大多学者认为应是太一神，兼具岁神、战神、社神的功能。

古越阁藏铜剑上的神人纹饰

湖北荆门漳河车桥战国墓铜戈

到了汉代，蹲踞式人形形象在河南、山东、江苏、四川等地的墓葬出土文物中均有发现。汉代墓葬艺术中有两种常见的题材，一种是太一与伏羲女娲成组出现，另一种是伏羲和女娲成对出现，部分人物图像呈蹲踞状。画像中的男女和日月似乎是象征化生万物的阴阳两仪，伏羲女娲的构图往往具有阴阳交合的含义。这些图像表达了汉代社会中阴阳相合、二元统一的思想观念。汉代出现的蹲踞式人形形象虽然较之前有了较大变化，但无疑仍是从前者发展演变而来的。

安徽萧县圣村 M1 出土画像石上的太一与伏羲女娲蹲踞式人形

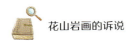

四川江安一号墓出土石棺上的伏羲女娲蹲踞式人形

回溯历史的长河，蹲踞式人形这一独特而神秘的视觉形象，在新石器时代的仰韶文化、城背溪文化与良渚文化中悄然萌芽。随着各民族交往交流交融的深入，这一文化符号逐渐跨越地域界限，从黄河流域蔓延至长江流域，最终在战国时期流传至广西左江地区，为这里的岩画艺术注入了新的活力。

写实派重现器物

◆▶◀◆

　　左江花山岩画的图像中，能够清晰辨认出器物种类的，主要有铜鼓、钟、刀、剑、船等，它们不仅丰富了岩画的内容，更与考古遗存中的文物遥相呼应，为我们揭开了古骆越文明的一角。接下来，就让我们一同走进这些图像的世界，逐一揭开它们的神秘面纱。

左江花山岩画中铜鼓与王者、子民组成一体的祭祀场景

◆◆ 铜鼓

学术界普遍认为，左江花山岩画中的圆形图像绝大多数为铜鼓的生动再现。铜鼓图像数量之多，仅次于人形图像，目前可辨认的已达360余个。左江花山岩画中的铜鼓形式多样，虽然不同的学者采用不同的分类方式，得到的分类系统也有所差别，但大致可分为六大类：鼓面无纹饰；鼓面有日体，无芒及晕圈；鼓面有日体，有芒，多在四至八芒之间，无晕圈；鼓面有日体及一层单弦晕圈，无芒；鼓面有日体，有芒及一层单弦晕圈；鼓面有日体，有芒及双层单弦晕圈。

左江花山岩画中的铜鼓图像（临摹）

左江花山岩画上的各式铜鼓图像

花山岩画的诉说

宁明花山岩画中表现敲打铜鼓祭祀的图像

总而言之，圆圈所代表的应为铜鼓鼓面的基本轮廓，其中外圈表示铜鼓的鼓面，内圈则代表鼓面上的日体。若内圈有芒，那便是铜鼓鼓面中心太阳纹及芒体的艺术呈现。日体与外圈之间的圆圈，则是铜鼓的分晕弦，弦内外环绕的，便是晕圈。另外，少部分圆圈的外侧有半环形图案，那应该是铜鼓的鼓耳，这些带有鼓耳的铜鼓或置于地上，或悬于空中。左江花山岩画中的铜鼓鼓面装饰，虽多样却简约，多以实心圆或空心圆象征鼓面，部分则添以日体、光芒及晕圈等元素。

左江花山岩画中的铜鼓图

在左江流域的考古发掘中，也发现了少量铜鼓实物，如在崇左市的大新、龙州、江州、扶绥等地发现了一些铜鼓。此外，在右江流域、红水河流域以及邕江—郁江流域等地也发现了大量铜鼓。上述流域出土的早期铜鼓多为万家坝型、石寨山型、冷水冲型和灵山型铜鼓，这些铜鼓大多较为古朴，鼓面有太阳纹，芒数量不等，饰有羽人纹、圆圈纹等。其中原始形态的万家坝型铜鼓装饰尤为简单，而石寨山型铜鼓则是万家坝型铜鼓的继承和发展。将左江花山岩画中的铜鼓图像与考古出土的铜鼓实物进行类型学比较，发现岩画上的铜鼓图像与万家坝型铜鼓和石寨山型铜鼓特征相同或相似。因此，可以认为岩画上的铜鼓图像大部分是以万家坝型铜鼓和石寨山型铜鼓为代表的早期铜鼓的艺术再现。

罗泊湾 M1：10 号铜鼓

罗泊湾 M1：11 号铜鼓

石寨山型铜鼓（广西壮族自治区博物馆供图）

图像之奇：见证文明的历史印记

左江花山岩画中的铜鼓图像与左江流域考古发现的铜鼓实物，共同生动展现了骆越铜鼓文化的深厚底蕴。从岩画与文献记载中，我们得知，先秦至汉代，骆越地区的铜鼓已成为权力、财富和社会地位的象征，是祭祀仪式中不可或缺的重器。时至今日，包括壮族在内的诸多少数民族，仍保留着使用铜鼓的传统，将铜鼓作为娱乐与祭祀的器具，既娱人又娱神，传承着那份古老而神圣的文化记忆。

◆ 羊角钮钟

左江花山岩画中的钟主要是羊角钮钟，它们大多成组悬挂在架子上，也有个别单独放置，钟架多位于正身人像或侧身人

宁明高山岩画中的羊角钮钟

花山岩画的诉说

西林普驮羊角钮钟　　　　　贵港罗泊湾羊角钮钟

容县龙井化羊角钮钟

浦北大岭脚羊角钮钟

广西考古发现的羊角钮钟

像的行列中。在列入世界遗产的 38 个岩画点中，羊角钮钟的身影仅出现在宁明花山岩画与高山岩画这 2 处，数量较少。宁明花山岩画第一处第五、第六、第八组均发现了羊角钮钟，有的单个陈列没有钟架支撑，有的成组悬挂于钟架之上；高山岩画第一地点第五处的羊角钮钟，悬挂于一个呈"干"字形的架子上。

为何我们如此确信岩画中的这些图像便是羊角钮钟呢？因为它们与广西考古出土的羊角钮钟在外形上如出一辙。考古发现的羊角钮钟，其合瓦式的独特造型宛如半截橄榄或半个椭圆体，上小下大，中空设计，底边平直，横截面亦呈橄榄形，顶部更有一竖长的方形透穿孔，顶端装饰着 2 个羊角形瞽钮。而岩画中的一些器物图像与这些特征相吻合，尤其是与百色西林县普驮汉墓出土的 2 件羊角钮钟及贵港罗泊湾汉墓中的羊角钮钟相比，二者形态近乎完全一致。更有趣的是，羊角钮钟多为悬挂使用，这与岩画中图形呈现的使用方法完全一致，进一步印证了我们的推断。

羊角钮钟，作为战国至西汉时期岭南地区流行的打击乐器，不仅在出现年代、传播路线、分布地域上与铜鼓紧密相连，更在用途上展现出与铜鼓的异曲同工之妙。它们不仅是乐器，更是祭祀仪式中的重要元素，承载着岭南越人对自然的敬畏与对神灵的祈求。

◆ 环首刀

环首刀图像在多个岩画点中均可看到，其总体形态也大致

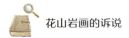

相同，不过环首大小不一，形状也略有不同，有的环首较圆，有的略呈三角圆弧状，少数环首上有飘带。环首刀大多出现在正身人像的腰间，少数被持于手中。环首刀的实物在广西的战国和两汉时期的古墓中均有发现，如平乐银山岭汉墓、贵港风流岭汉墓以及合浦汉墓中均有出土。将左江花山岩画中的这类兵器图像与环首刀实物进行对比，发现两者基本一致，刀柄首端均被制成扁圆环状，刀脊与刀口均笔直，大部分没有护手的格。因此，学者认为岩画中的此类兵器图像为环首刀。

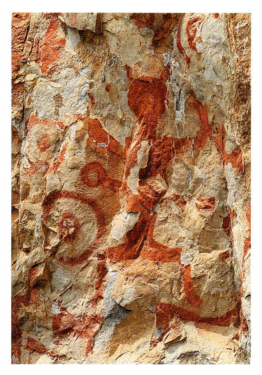

左江花山岩画中佩环首刀的人物

图像之奇：见证文明的历史印记

环首刀是一种刀柄首端被制成扁圆环状的短柄兵器，专为劈砍而生。它的一侧，是厚实的直刀脊，另一侧则是锋利的直刃刀口。刀柄与刀身之间，没有明显的界线，大部分环首刀甚至省去了护手格的设计。环首刀的出现，与西汉时期骑兵的迅猛发展紧密相关。在西汉早期，短柄的铁制格斗兵器多为剑，但随着汉武帝时期骑兵的崛起，环首长刀开始大量涌现于诸侯王墓之中。其厚脊薄刃的设计，从力学角度来看，不仅利于砍劈，更因刀脊的加厚而增强了抗折性。左江花山岩画中的环首刀图像，与考古出土实物如出一辙，它们或许共同见证了汉代广西地区骑兵的辉煌发展历史。

贵港风流岭汉墓出土的环首刀

合浦文昌塔汉墓出土的环首刀（梁旭达供图）

花山岩画的诉说

◆ 剑

左江花山岩画中的剑图像数量较多。这些剑，或具格，或带首，抑或呈现为扁茎短剑之姿，形态各异。有格或有首的剑的图像在许多地点的岩画中都可以见到，大致可分为"有格无首""有首无格""无格无首"三种类型。在左江花山岩画中，扁茎短剑图像仅见于宁明花山岩画第一处第九组。岩画中的铜

有格无首剑

有首无格剑

无格无首剑

图像之奇：见证文明的历史印记

剑，绘制手法质朴而直接：无格无首者，仅以一条粗犷笔直的方形斜线勾勒，不事雕琢；至于有格或有首之剑，或在剑茎和肩部添上一笔与剑身垂直的短横线表示剑格，或在剑茎的顶端画上一条与剑身垂直的短横线表示剑首。

广西大地亦有青铜剑出土，剑型繁复多变，分有格剑和无格剑。剑格也可以再细分为"一"字宽格、"一"字窄格等样式。如龙州博物馆所藏的 1 号剑：圆首圆柱茎，茎上双圆箍环绕，格呈曲"一"字形，剑身修长，脊起中央，两侧微凹成 2 道宽浅血槽，剑锋锋利。又如武鸣安等秧墓群，出土了 15 把青铜剑，其中有的为有格无首，有的为有首无格，铸造年代均为战国时期。将岩画中的剑与考古出土实物进行对比，其形制相仿。这无疑是同源之证。

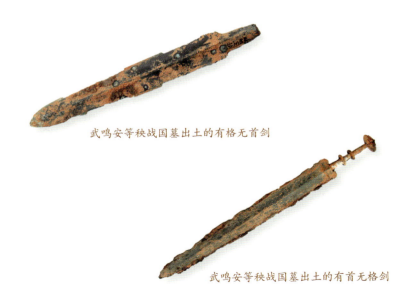

武鸣安等秧战国墓出土的有格无首剑

武鸣安等秧战国墓出土的有首无格剑

除长剑外，岩画中还有一幅扁茎短剑图像，该图像位于宁明花山岩画第一处第九组，剑随人像左手轻垂，剑身与人小臂平行，长度略长于小臂。此短剑细颈宽肩，无首，剑身上宽下尖，整体像一个腰身内收的倒三角形。广西出土的文物中，同样发现了扁茎短剑，如田阳排楼剑、田阳东邦剑、田阳内江剑、龙州新街剑等。略加比对，这些扁茎短剑与岩画中的图像均有

左江花山岩画中扁茎短剑图像

相似之处，如田阳排楼剑和内江剑，与岩画中的图像一样均无首，剑身上宽下尖，整体呈现倒三角形。但细节上仍存在不同之处：岩画中的短剑剑柄为竖直的短线，而实物短剑的剑柄有明显的内凹；岩画中的剑身两侧均较平滑，而实物短剑的剑身则有明显的内凹；岩画中的短剑无明显的剑格，而实物短剑多有剑格。这些微小的差别，究竟是岩画创作者的无心之失，还是历史上存在与岩画中短剑相同的扁茎短剑而考古暂未发现，我们暂不得而知。

扁茎短剑是骆越文化中最有代表性的器物之一，是在中原地区青铜剑的形态与功能的基础上进行改进的器物。其形制独特、结构合理、功能实用，反映了骆越青铜铸造工艺技术日趋成熟。战场之上，无论是车兵还是步兵，扁茎短剑皆是近战之利器。除此之外，扁茎短剑还具有礼仪和权力象征意义，是贵族社会里重要的礼器和身份象征物。

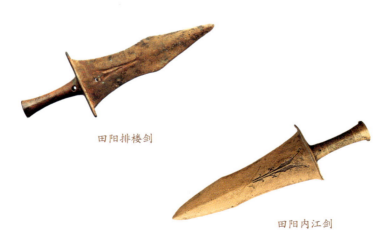

田阳排楼剑

田阳内江剑

◆ 船

左江花山岩画中船形图像数量不多，而且大多模糊不清，其中最为清晰可辨的一例，见于宁明花山岩画点中。船形物为一条简单粗犷的弧线，长约 1.1 米，中间下弯，两端微微上翘，未见船桨之迹。船上有 7 个侧身人像，人像一致向左，头上多有倒 "八" 字形饰物。

尽管在左江流域没有出土先秦至汉代的船，但根据左江的地理环境判断，船在当地的出现时间应当较早。考古工作者在这片土地上发现了多处新石器时代中晚期的贝丘遗址，这就意味着当时此处存在以渔猎采集为生的人群。要想获得水中的食

龙舟竞渡诠释了水崇拜的文化内涵

图像之奇：见证文明的历史印记

物，先民需要到河中进行捕捞，由此推断，早在那遥远的岁月里，他们就已经会用简易的竹排或木船来征服水域，以获取水中的食物了。不过虽未在左江流域发现早期船的实物，但在广西其他地区的先秦墓葬中发现了船形墓室，说明当时的人们一定对船有深刻的认知。此外，在桂林平乐县燕塘村和贵港三合村的汉墓中各出土了一件红陶船模，其中贵港出土的红陶船靠近船头处还有一面饰有太阳纹的陶鼓。此外，广西境内出土的铜鼓上，船纹与渡船图像屡见不鲜，如罗泊湾汉墓中的 M1：11 号铜鼓，上面就装饰了 6 组船纹。铜鼓上的船纹，其船体狭长，首尾两端高翘，船底较平，船中有 12 道横梁；每船载 6 人，这些人物均头戴羽冠，胴体赤裸，一字排开，最前一人为指挥者，双手执羽仪；后面 5 人双手执划桨划船，动作整齐。

平乐燕塘村出土的陶船

贵港三合村出土的陶船

花山岩画的诉说

总的来说，虽然左江花山岩画中的船只的绘画较为抽象，线条简洁，与考古发掘的实物在形态上或有差异，但它们无一不折射出左江流域及其周边先民对船只的深刻理解与运用。岩画中的船形图像与罗泊湾汉墓中的龙舟竞渡纹饰相似，这些都可以反映出骆越先民的龙舟竞渡习俗。这种龙舟竞渡的习俗不仅仅是娱乐，更蕴含着祭祀的庄严，寄托了人们对水神庇佑的深切祈愿。

罗泊湾 M1：10 号铜鼓划船纹

犬吠鸟鸣，共绘生灵

◆▶▶▶◆

◆ 兽类图像

左江花山岩画动物图像中兽类图像数量较多，目前能辨认的有 100 余个，均为侧身形象，大部分位于体形高大的正身人像脚下或前方，少数位于正身人像的旁侧或头上，以奔跑、站立的姿态跃然壁上。这些兽类图像或写实细腻，或简化成图；大多数身无饰线，部分有毛刺状饰线。其头部或左或右，无明显规律，但若兽类上方的正身人像佩带刀剑，则兽类头部必与刀剑之首同向。

这种兽类是什么动物呢？在研究之初，学术界主要有两种观点：一种认为是马，一种认为是狗。

有学者根据兽类的形态特征及其与人像的位置关系，将其判定为马。这种兽类图像头部较长，双耳耸立，长有尾巴，躯体较长，体形高大，似有一副骏马之态。且这些兽类大多位于正身人像的脚下，就好像是被人骑着，故而被认为是马，而这类图像是人骑马的动态表现。

虽然狗与马的形象在剪影式的涂绘下显得极为相似，不太

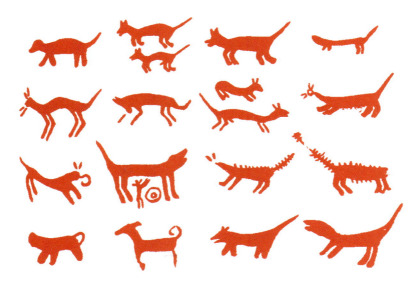

左江花山岩画中的狗图像（临摹）

棉江花山岩画中的狗图像

宁明花山岩画中的狗图像

　图像之奇：见证文明的历史印记

容易分辨，但只要我们仔细观察就会发现，狗与马的尾巴完全不同。不少学者观察到这一细节，指出马的尾巴较长，即使是在奔跑时尾巴的末端也都是向下弯的，在画作中应呈现下垂之态，而岩画中兽类的尾巴都是斜向上翘的，更符合狗的特点。另外需要注意的是，前述认

合浦风门岭汉墓中的狗图像
（广西文物保护与考古研究所供图）

为兽类是马的学者，以人与马的方位构图推断是人骑马，事实却并非如此。在绘制岩画时，创作者并未使用透视的方法，人像之下的兽类，并非意味着是真的被踩在人的脚下，而应该是该兽类在人的前面，所以"人骑马"之说难以立足。

除了在形象上辨认出此类动物是狗，学者也注意到了狗与南方民族之间的密切关系。商代，岭南便有将狗作为贡品、视为珍品的情况。史料中，越人养狗、崇狗之风盛行。关于骆越人崇狗的习俗，虽无文字记载，但也有考古学材料可证明一二，如在邕宁顶蛳山遗址中发现了狗的遗骸，这说明很久以前广西地区就有了养狗的习俗。此外，汉代的墓葬中也发现了用狗作为明器随葬的现象，合浦风门岭汉墓出土的铜狗便是其中之一。时至今日，左江流域仍有部分壮族村落保留着忌食狗肉之习俗，这是其先祖珍狗之风尚之遗韵。

◆ 飞禽图像

左江花山岩画飞禽类图像数量较少，在列入世界遗产的 38 个岩画点中，目前仅见于沉香角岩画第一组。这组飞禽图像位于正身人像的旁侧，已呈图案化：小头，细长颈，头朝右而尾向左，曲颈回首，尾部略呈扇形展开，双足并立，整个身躯由流畅的线条勾勒而成，呈双菱形。这组图像表现的应该是当地常见的鸟类。

除岩画外，在广西的考古资料中也发现了鸟类形象，如在合浦望牛岭汉墓出土了 2 件器型大小分毫不差的铜凤灯，其造型与岩画中的飞禽图像极为相似。此外，在铜鼓中也常见鸟类纹饰的身影，如罗泊湾 1 号墓出土的铜鼓，其上翔鹭纹的图案，与左江花山岩画中的飞禽有诸多相似之处。

左江花山岩画中的飞禽图像（临摹）

在历史上，骆越先民及其后裔有崇拜鸟的习俗，把鸟的羽毛视为珍宝。在这片气候炎热、鸟类极多的土地上，先民在生产生活中产生了对鸟的崇拜，于是努力把自己装扮成鸟的样子，化身"羽人"——有的直接把鸟的羽毛插在头上，有的戴上精心制作的羽冠，有的穿上羽衣，有的模仿鸟的飞翔动作翩翩起舞。直到今天，壮族生活的地区，仍然流传着"百鸟衣"等神话传说，每年农历七月，一些壮族村落还会举办盛大的"鸟王节"，以虔诚之心祭祀鸟类。

合浦汉墓出土的羽纹铜凤灯

左江沿岸的鸟类

岩画与器物上发现的鸟纹、羽人纹等都是骆越人崇拜鸟的真实刻画，是骆越人借用鸟的形象来表达对鸟的崇拜、祈求鸟神庇护的体现。

左江流域因其优越的自然地理环境和气候受到了动物们的青睐，其中也有大量鸟类在此栖息。我们不妨大胆猜测，也许岩画中的飞禽图像，正是左江流域上空自由飞翔的鹭鸟。它们以独有的方式，在这千年的崖壁上留下了永恒的印记。

翔鹭纹铜鼓

图像创作的盛与衰

◆▶◀◆

　　在骆越先民长达几百年的创作中，左江花山岩画是一成不变的吗？答案当然不是。我们在观察中可以发现，左江花山岩画中的人物图像虽然相似度极高，但其间亦不乏微妙之别，就像哪怕是一对亲兄弟，在长相相似的情况下也有一些细微差别。左江花山岩画中的人形，头有的是圆的，有的则是方的；身材有的是瘦的，有的则是胖的，这便是其差异之所在。那么这种图像的差异有什么样的规律吗？学者经年累月地钻研后，揭开了这一谜团——人物形象的变化，似乎与岩画的创作年代紧密相关。

　　有学者根据画面人物造型、人物头饰、人物佩戴的武器等图形特征，器物的增减变化，艺术表现风格的变化，祭祀场面、画面布局等方面的演变规律，以及画面之间的叠压关系等，把左江花山岩画分为四期。

　　图像之奇：见证文明的历史印记

宁明花山岩画立面分期示意图

第一期为开创期。这一时期的岩画主要分布在左江下游河段的扶绥县内，在宁明花山、珠山、沉香角、三洲尾、纱帽山、棉江花山、小银瓮山、万人洞山等 18 个岩画点中均有发现。其核心的人物形象特征为圆头细颈的造型，正面人像往往采用圆润的头部与三角状上身相结合的设计。此类人像双臂展开，仔细看还能发现自然伸展的手指。这些画像的

左江花山岩画开创期人物形象

花山岩画的诉说

位置偏低，其底部边缘普遍高于周遭的台地、倒石锥坡、台坎或江面，高度差在 2 ～ 20 米之间。这些画像的画面构图简单，中心人物尚不突出，侧身的人物形象较为稀少，整体艺术风格倾向于对现实世界的真实还原，创作时间可追溯到战国时期。

第二期为鼎盛期。此时迎来了岩画的繁荣盛景。在这一时期，岩画如雨后春笋般涌现，分布范围有了显著扩大，不仅遍布左江全流域，还延伸至明江、平而河、黑水河等河段，在珠山、龙峡山、高山、宁明花山、沉香角、宝剑山、驮柏山、白鸽山、大银瓮山、小银瓮山等 27 个地点也有所发现。这一时期岩画正身人像的设计趋向统一，多采用长方形头部，尤其是中心人物多为粗壮的方形头，配以独特的 Y 形头饰，并携带剑饰，整体造型趋向简约。内容逐渐丰富，宏大壮观的画面增多，构图手法复杂多变，画面中心通常矗立一个高大的正身人像，周围环绕众

左江花山岩画鼎盛期人物形象

　图像之奇：见证文明的历史印记

多体形较小的人像，中心人物突出，主次分明，程式化特征显著。侧身人像的数量也相应增多，但在人物的表现手法上逐渐脱离了严谨的写实风格。这一时期大致可推测为战国晚期至西汉早期。

第三期为持续期。相较于第二期，这一阶段的岩画点与岩画数量均略有减少，绘制范围缩减为珠山、龙峡山、高山、宁明花山、沉香角、棉江花山、关刀山、白鸽山、小银瓮山等24个地点。岩画中心人物以细方头为特征，头颈巧妙地简化为一条粗犷的线条，头饰更为简约，身形则展现出独特的宽胸、细腰、侈胯之美。这一时期的画面规模相较第二期有所缩减，但中心人物的主体地位依然鲜明

左江花山岩画持续期人物形象

突出。然而，这时的侧身人像数量锐减。从艺术表现来看，这一时期人物与动物的形态趋向瘦长，倾向于更为简略的刻画手法，透露出一种风格上的简化与内敛，或可视作艺术发展周期中的衰落迹象。这一时期大致为西汉中后期。

第四期为衰落期。在这一时期，岩画的分布点及图像数量均显著减少，仅在宁明花山、无名山、白鸽山、小银瓮山等8个地点有所发现，在地理分布上明显集中于左江中游河段，上下游区域则鲜有发现。岩画的位置普遍偏低，不再如前几期那样高耸显眼。画面中，正身人像的大小趋于一致，中心人物以纤细的线条勾勒，高度维持在0.8米左右，失去了前几期的丰富细节与生动性。艺术造型上，此期已完全转向符号化表达，画面构图显得单调乏味，

左江花山岩画衰落期人物形象

人物排列杂乱无章，不再遵循以往的构图规律。更为神秘的是，侧身人像彻底消失，连中心人像也难觅踪迹。这一系列的变化仿佛宣告着左江花山岩画的衰落。这一时期大致为东汉时期。

总的来说，左江花山岩画的重点作画区域呈现出从下游逐渐向中上游发展的态势。这一变化可能与左江流域不同地区在地理环境方面存在差异有关：左江下游台地较多，且面积较大，险峻程度相对较小；而中上游环境则相对较差，但中上游的画面更大，画幅更多。上述的岩画分期由覃圣敏、覃彩銮等前辈学者提出，并获得广泛认同。

绘制之谜：
多重线索拨开先人迷雾

　　自 20 世纪 50 年代以来，关于岩画创作者的猜测层出不穷，但随着学术研究的不断推进，"骆越说"逐渐占据了主导地位。骆越族群在广西地区的悠久历史得以追溯，而花山岩画更是成为骆越先民智慧与创造力的璀璨结晶。此外，岩画的绘制技艺也极为独特，学者通过细致研究，逐步揭示了绘制方式、工具及颜料的奥秘，为我们进一步了解骆越文化打开了新的窗口。

族属之踪，左江寻觅

◆ ▶◀ ◆

　　自 20 世纪 50 年代起，学术界对左江花山岩画创作者的身份便争论不休，诸般假说纷至沓来，"壮族说""唐朝西原蛮说""苗瑶先民说""瓯骆说""骆越说"，不一而足。"壮族说"力主岩画乃壮族人民之杰作；"唐朝西原蛮说"则将其与唐代一场风起云涌的起义相联结；更有学者以岩画中犬的形象为引子，探寻出苗族先民的痕迹；"瓯骆说"认为西瓯与骆越实乃同族异名，岩画当属瓯骆人之遗泽；"骆越说"则因岩画集中之地与骆越人聚居区重合，且岩画所蕴含的越文化韵味与古籍所载越人风俗相契合，故而推断岩画应归属于骆越人。

　　随着左江花山岩画创作年代的逐渐清晰，那些曾经的假说，如"壮族说""唐朝西原蛮说""苗瑶先民说"，便如同晨雾般消散于无形。而"骆越说"与"瓯骆说"的争鸣，则聚焦于西瓯与骆越究竟是两支不同的越人，还是同族异称。目前，持二者是不同支系的观点者甚多。我们亦如众多学者一般，认为左江花山岩画乃战国至东汉时期骆越人的遗作，其画面所展现的，正是一场盛大的集体祭祀场景。

◆ 古籍中的骆越踪迹

关于骆越人，历史的长卷中早已留下了他们的足迹。最早记载"骆"本字的文献是《吕氏春秋》。《吕氏春秋·孝行览·本味》记载："和之美者，阳朴之姜，招摇之桂，越骆之菌，鳣鲔之醢，大夏之盐，宰揭之露，其色如玉，长泽之卵。"汉代高诱注曰："越骆，国名。"李富强从汉语、壮语、越语之间的词序关系，考察了在"骆"前冠以"越"的含义。他指出，"越骆"可能是直接记录的越语，而"骆越"则是经过翻译的汉语，"越骆"即"骆越"。据此，便可以确认"越骆"和"骆越"是一个意思。

第一次正式出现"骆越"二字的古籍是《后汉书》。书中记载，马援这位马术高手，不仅骑术超群，更有一双慧眼，能辨马之优劣，"于交阯［后称"交趾"］得骆越铜鼓，乃铸为马式，还上之"。自此，骆越之名渐入人心，相关记载亦如雨后春笋，此处便不再赘述。

《旧唐书·地理志》中一段关于骦水的描述，又为我们揭开了骆越聚居地的神秘面纱："骦水在县北，本牂牁河，俗呼郁林江，即骆越水也，亦名温水，古骆越地也。"唐代邕州宣化县就在今天的广西南宁市，"骦水在县北"是说"骦水"在宣化县北（即南宁北），那么"骦水"就是今天的邕江及其上游右江，也就是说邕江及其上游右江也叫骆越水，其地是骆越聚居之地。诸多古籍亦对骆越人的活动范围有所记载，如同拼图一般，逐渐勾勒出他们的活动版图。

简而言之，骆越人的活动中心，在广西这片土地上，主要聚集于邕江—左江、右江流域，他们的时代，则大致跨越了战国至东汉。如今，学术界亦普遍认同，广西左江流域，正是骆越人中心聚居地之一，这片土地，见证了他们的辉煌与沧桑，也承载着历史的厚重与神秘。

◆ 考古中的骆越脉络

考古学如同一把钥匙，缓缓开启了广西地区骆越人遥远而神秘的历史之门。依据考古学资料显示，骆越人在广西地区的发展历史可以追溯到史前时期。

早在石器时代的悠远岁月里，左江流域便成为人类繁衍生息的沃土，留下了诸如贝丘遗址、大石铲遗址以及岩洞葬等多样且丰富的文化遗存。研究表明，大石铲文化与骆越文化之间存在着许多显著的共同特征，两者在文化演进的脉络上紧密相连，大石铲文化的缔造者正是骆越人的早期祖先。南宁及其附近地区，是广西史前文化中地方特点非常鲜明的一个区域，贝丘遗址、大石铲遗址和岩洞葬是该区域史前文化最主要的遗存类型，它们是同一文化系统不同发展阶段的产物，为骆越文化的形成奠定了基础。

例如，新石器时代中期，左江流域文化遗存以贝丘遗址占据主导地位。这些遗址的显著特征在于，其地层中包含丰富的螺壳以及其他动物遗骸，反映了当时居民的生活环境与资源利用情况。在工具制造方面，既有通过磨制技术精细打造的石器，也不乏利用打制方法尤其是锤击法制作的石制品，如砍砸器、刮削器、石片等，其中侧边石锤与石片石锤更是彰显了独特的地域特色，不过磨制石器加工水平尚显粗糙。此外，还发现了少量的骨器与极少的陶片。而蚌器则相对丰富，如双肩蚌铲造型精美，锯齿刃蚌器器型独特，是左江流域蚌器的重要标志，具有极高的地区辨识度。在墓葬习俗上，新石器时代左江流域主要流行土坑墓，葬式多样，包括仰身屈肢葬、侧身屈肢葬、蹲肢葬及肢解葬等，部分墓葬中还随葬有石器。这些发现进一步丰富了我们对该地区古代社会风貌的认识。

龙州宝剑山Ａ洞遗址出土的砍砸器

龙州根村遗址出土的侧边石锤

崇左江州区何村遗址墓葬发掘工作照

龙州大湾遗址出土的尖状器

龙州坡叫环遗址出土的石片石锤

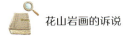

进入新石器时代晚期，左江流域涌现出一批制作精良的大石铲及各式有肩石器，琢击技术在这一时期的石器制作中被普遍应用。广西大石铲遗址主要集中在桂南地区，广泛分布于广西的隆安、扶绥、南宁市区、崇左等地。这些遗址中的大石铲，以其独特的形制、硕大的形态、扁薄的器身、规整的制作以及精细的磨制工艺而著称，且多数未显露出明显的使用磨损痕迹。其精致的外观与高超的加工技艺，暗示了这些器物并非单纯服务于日常生产活动，而是出于某种特殊目的或需求而精心打造。尤为引人注目的是，石铲的摆放方式并非杂乱无章，而是遵循着一定的规律，它们多以刃部朝上直立或斜立的姿态排列组合，展现出一种特定的仪式性或象征性意义。

隆安大龙潭遗址出土的石铲
（广西文物保护与考古研究所供图）

石铲毛坯　　　　无袖石铲残件　　　　有袖石铲残件　　　　无袖石铲残件

有袖石铲　　　　无袖石铲　　　　无袖石铲　　　　有袖石铲残件

扶绥那淋遗址大石铲（下行图片为广西壮族自治区博物馆供图）

在新石器时代晚期末段至先秦早期，左江流域兴起了一种特殊的葬俗——岩洞葬。这一葬俗文化内涵深厚，极具地方特色。新石器时代岩洞葬的随葬品种类多样，以陶器为主，辅以石器、骨器等。石器多经通体磨制，鲜见打制石器，制作技术精湛，展现了高超的工艺水平。蚌器亦有所见，如锯齿刃蚌器和蚌铲等，表现出随葬品的多样性。

步入先秦时期，骆越之地墓葬的随葬品更加实用而精致。陶器多为釜罐类，有的表面装饰有精美的纹饰，既美观又具有一定的辨识度。这一时期的随葬品选择，不仅体现了当时的社

会经济状况和生产力水平，也深刻反映了当时人们的信仰观念
与丧葬习俗。

龙州宝剑山Ａ洞遗址侧身屈肢葬

龙州宝剑山Ａ洞遗址出土的石凿

龙州宝剑山Ａ洞遗址出土的陶釜

纵观左江流域的从新石器时代至先秦时期的考古学文化，不难发现其带有鲜明的地域特征，这些应当是由特定人群所创造的。左江流域的文化所展现出的高度稳定性和连续性，得益于这片流域独特的封闭地理环境，有效阻隔了大量外来文化的直接冲击，使得这一地区的文化传统得以较为纯粹地延续下来。正是在这片土地上，骆越人繁衍生息，书写了左江流域独特的历史篇章。左江流域的考古学文化发展序列清晰，从贝丘遗址、大石铲遗址再到岩洞葬遗址，总体文化面貌有一脉相承的特点。

龙州宝剑山 A 洞遗址出土的骨质剑形器

龙州宝剑山 A 洞遗址出土的
双肩蚌铲

龙州宝剑山 A 洞遗址出土的
鱼头形蚌器

飞檐走壁，绘就宏图

◆ ▶◀ ◆

左江花山岩画巧妙地绘制于湍急江河旁的陡峭崖壁之上，这种险峻的地理位置极大地增加了绘画难度，它不仅考验着作画者的技艺，也对其身体素质提出了严苛的要求。在科技尚不发达的古代，骆越先民勇于挑战，不仅克服了攀登险峻山崖的重重困难，还智慧地解决了如何让岩画历经岁月而不朽的难题，最终为我们后世留下了这份宝贵的世界文化遗产。

在对岩画周边地形地貌与相关考古遗存进行研究后，学者分析认为骆越先民在崖壁上作画的方式可能至少有三种：自下而上攀援法、直接搭架法、自上而下悬吊法。

◆ 自下而上攀援法

自下而上攀援法是指利用崖壁上部或下部的树枝、树根或岩石裂隙等天然地形地物，如灵猴般攀援而上，到达作画地点。我们不难发现，诸多画壁之下或两侧，皆蕴藏着大自然的鬼斧神工——沿层理发育的裂隙与台坎，它们仿佛是大自然特意为作画者铺设的天梯。而在攀援峭壁时，作画者或许还借助了绳索、藤条或木桩等辅助工具，这些工具如同作画者的得力助手，助其稳稳攀登。

自下而上攀援法示意图

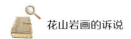

◆ 直接搭架法

直接搭架法是在崖壁之下，面对倒石锥坡、错落体、台地或石坎等复杂地形时，作画者展现出的非凡智慧。这类岩画点往往高悬于人们徒手难及之处，其所在崖壁陡峭如削，光滑无比，让人望而却步。然而，作画者却并未因此退缩。他们巧妙地利用坡坎等地形，搭建起一座座竹木之架，得以挥洒自如地绘画于峭壁之上。此法之精妙之处不仅在于它解决了作画者无法攀登的难题，更在于它展现了人类智慧与勇气的完美结合。

直接搭架法示意图

❖ 自上而下悬吊法

自上而下悬吊法也是一种极具挑战与智慧的作画技法。作画者以绳索、藤条等柔韧之物为辅助，巧妙地利用树根、岩缝等天然锚点，从崖壁之巅悬吊而下，穿梭于峭壁之间，直至作画处。这种方法多用于那些作画处距离山顶不远，且多位于山体上半部的岩画点。作画之处下方往往有一处外突的小石坎，而坎下则是竖直陡峭、离地甚高的绝境。此方法突破了作画的空间限制，是先民智慧的生动体现。

自上而下悬吊法示意图

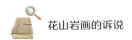

就地取材，制作画具

左江花山岩画绘制工具之谜，至今仍令学界为之困扰。学者无数次实地探寻，却未能觅得一丝绘制工具的遗存，仿佛它们随着岁月的流逝悄然融入了历史的尘埃之中。然而，学者并未因此而止步。他们从岩画那粗犷而又流畅的线条中，从笔画间的微妙特征里，甚至从画作周遭残留的点点痕迹中，抽丝剥茧地寻找证据，对作画工具进行了推测。

学者首先断定，左江花山岩画绝非简单的人手徒手之作。那些图形之粗大、线条之流畅均匀，以及色彩浓淡之一致，皆透露出绘制远非人手所能及，所用工具可能是一种粗大且富有弹性的细密纤维材料。当然，对于某些精细线条或局部修饰，也有可能徒手绘制。

随着探索的深入，学者进一步提出，这些岩画的作画工具或许就源自自然，如竹、草、羽毛笔等。这些材料在左江地区俯拾皆是，采集方便，制作简易且成本低廉。更重要的是，它们的物理特性与绘画需求不谋而合。如此种种，使得这些自然材料成为左江花山岩画创作过程中极有可能采用的工具。而它们的易朽性，也恰好解释了为何千年之后，我们难以寻觅其踪迹。这些合理推测，不仅为我们揭开了岩画绘制工具的神秘面纱，更让我们对古人取于自然、用于自然的智慧与创造力有了更深的敬畏。

赤铁矿红，千年不朽

•▶◀•

历经 2000 余载风雨沧桑，左江花山岩画依旧色彩斑斓，这一切，皆因那独特的作画颜料。

1985 年，广西化工研究所的研究人员从宁明、龙州以及扶绥等地的岩画中采集了一些岩画样品。随后，他们运用发射光谱法对颜料的成分进行了分析。分析结果表明，颜料是铁系天然矿产颜料，其中的主要矿物成分为铁。关于左江花山岩画颜料中的矿物成分产地问题，研究人员利用同位素示踪法进行分析，认为其颜料取材于左江流域当地的赤铁矿。赤铁矿的核心成分为氧化铁（Fe_2O_3），俗称红土或铁红。

颜料的选择固然重要，但如何让颜料稳固地附着于崖壁之上，却又是另一道技术难题，为此，必须寻找并应用适宜的胶结剂。郭宏团队借助红外光谱、微量元素分析以及 X 射线衍射等科学技术手段，经过细致的检测与分析，最终确认左江花山岩画所采用的红色颜料，正是岩画遗址中普遍使用的赤铁矿。团队进一步通过气相色谱 - 质谱仪的精确分析，确定了颜料中黏合剂的关键成分——植物性胶结材料，其可能为源自植物树液的天然黏合剂。这一发现，不仅让我们感叹骆越先民在作画材料选择上的卓越智慧，更为我们深入探索左江花山岩画绘制技艺的精湛与复杂，提供了宝贵的线索。

　　基于上述研究，我们可以合理推测，左江花山岩画是由骆越先民巧妙利用当地资源，采集赤铁矿并研磨成细腻粉末，再与富含植物树液的天然胶结剂相融，通过特定工具精心绘制于

1985 年（左）与 2007 年（右）宁明花山岩画点状况对比

花山崖壁之上的艺术瑰宝。其颜料的核心显色成分铁红，凭借其超强的耐光、耐湿、耐酸性气体之特性，使岩画即便在左江地区那高温高湿的环境中，也能保持鲜艳色彩，穿越千年而不衰。

然而，有人或许会注意到，左江花山岩画似乎出现了褪色现象。但深入研究发现，这并非颜料本身的化学褪色。这种视觉上的褪色现象，实际上是岩画所处的复杂自然环境导致的多种风化现象。作为颜料黏合剂的植物性胶结材料，随着岁月的流逝，逐渐老化，失去了黏结性，致使有的岩画颜料颗粒如粉末般脱落，从而造成了褪色的视觉效果。加之岩体自身的剥落，以及水盐作用产生的溶蚀产物覆盖，加剧了褪色现象的发生。因此，在欣赏与解读左江花山岩画时，我们应充分考虑这些自然因素对其保存状态的影响。

除了对岩画本体的颜料进行深入研究，考古人员还渴望在左江流域发现与颜料相关的考古遗存，以进一步揭开左江花山岩画绘制的千年谜题。功夫不负有心人，2013 年，考古队员在左江流域开展考古专项调查时，发现了重要物证——在邻近岩画的龙州棉江洞穴遗址、沉香角岩厦遗址以及下白雪洞穴遗址处，发现了疑似岩画颜料的红色软石料。这种石料颜色为赭红色，质地又轻又软，甚至无须研磨就可以直接在崖壁上画出红色的图案，且画出来的颜色与左江花山岩画的颜色惊人地相似。更令人称奇的是，这种颜料绘制的图案，在岩石上的渗透效果极佳，即使用水冲刷也难以掉色。随后，北京大学考古文博学院科技考古实验室的师生，用微量元素分析仪对这些原料进行了测试，结果令人振奋——这类石料的含铁量极高，还含有锰、钡、银等元素。后来，考古人员将其中一块红色石料送至广西壮族自治区地质矿产测试中心进行半定量分析，最终证实，这种赭红色石料的主要成分与岩画颜料成分基本一致。

研究人员通过研究分析颜料，推测出骆越先民在颜料中还加入了含大量草酸的植物浆液。由于草酸能溶解氧化铁，当这些混有草酸的含铁黏液涂在崖壁上，因为草酸酸性远比碳酸强，其中的草酸根便夺取碳酸钙中的钙，取代其位置而变成水草酸钙石，紧紧附在崖壁面上，其中的铁质则被还原为赤铁矿，黏附及混杂在水草酸钙石层上。这是相当复杂的化学反应过程，其结果是使无黏性的赤铁矿借助水草酸钙石层紧密黏附在崖壁上，又因水草酸钙石比碳酸钙强度更高，从而更抗溶蚀。这可能就是左江花山岩画颜料层能经历千年风雨侵蚀仍不脱落的原因。

红色颜料

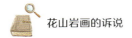

花山岩画的诉说

独特内涵：
神秘而原始的魅力

　　左江花山岩画，作为骆越文化的瑰宝，承载着丰富的历史信息与独特的文化内涵。岩画中的人像生动展现了骆越先民对自然界的敬畏与祈求。这些画面，既是他们精神世界的写照，也是宗教信仰的直接映射。学者通过深入研究，不仅揭示了岩画的绘制技艺与创作过程，还探讨了其与考古遗存、葬俗文化等方面的密切联系。

众说纷纭的文明猜想

◆▶◀◆

自 20 世纪 50 年代以来，左江花山岩画便得到了许多学者的关注，尤其是 20 世纪 90 年代至今更是其研究发展的高峰期。左江花山岩画具有什么样的文化内涵呢？学者通过年代考证，结合考古学、文献学及民族学资料，对其内涵进行了深入剖析。在诸多学术观点中，有八种观点比较有名，列举如下：

其一，是队伍集合、点将、操练誓师、战争、胜利庆功相关的图景；其二，是从绘画向象形文字发展过渡时期的一种语言符号；其三，是客观现实的反映；其四，是宗教祭祀的图像；其五，是巫术文化的遗迹；其六，是祭拜水神的图像；其七，是祭祀蛙神或雷神的图像；其八，是祖先崇拜的图像。

早期有学者认为，左江花山岩画是"古代桂西壮族为了纪念某一次大规模战争的胜利所制作的"，也有学者视其为"从绘画向象形文字发展的过渡时期的一种语言符号"。这两种说法虽各有逻辑，但均把整个左江花山岩画视为一次性完成的宏大画作。然而，左江花山岩画体量之大，且不同的图像单元之间没有直接的联系，不能简单地把它当作一次绘成的完整作品来看待。

基于这一发现，我们不应再将左江花山岩画简单地视为一个单一、连贯的创作过程的结果，而应更加细致地剖析其背后可能隐藏的复杂历史——它或许是由多个时段、不同创作意图与手法交织而成的多元画面。在马克思主义唯物史观的影响下，也有学者认为左江花山岩画是客观现实的反映，是现实生活场景的再现。学者充分运用丰富的材料，试图找出左江花山岩画图像中与骆越人以及现代壮族民俗文化的相似之处。

战国至东汉时期，左江流域仍处于原始社会的后期阶段，生产力相对低下。尽管如此，左江花山岩画仍然被精心刻画于陡峭险峻、紧贴江边的悬崖峭壁之上。正如汪宁生先生在研究云南沧源岩画与四川珙县岩画时所认为的，鉴于当时社会生产力的局限，人们攀登到如此不易触及的高耸绝壁上进行创作，绝不是审美享受或闲暇娱乐，更不是单纯为了装饰或者美观，而是深植于先民生存本能需求之中的一种观念支配的结果，他们希望通过这一神圣的行为祈求某种重要的事情或得到庇护。这一观点得到了学界的广泛认同。随着研究的深入，关于左江花山岩画文化内涵的诸多观点，部分已逐渐淡出人们的视野，而祭祀水神、祭祀生育神（土地神）以及祖先崇拜三个观点，则日益成为研究的焦点。值得注意的是，这些观点都与生殖崇拜有着千丝万缕的联系，左江花山岩画似乎在诉说着一个关于生命与繁衍的古老愿望。

自 20 世纪 80 年代起，左江花山岩画的研究逐渐形成了以"巫术论"与"宗教论"为主导的两大主流观点，两者在学术界占据了重要的地位。有学者指出，"岭南越人好信巫鬼"。

"巫术论"的主要倡导者认为，左江花山岩画是具有魔法作用的图画或符号，是神圣的巫术礼仪的重要组成部分。他们在著作中详细阐释了这种巫术的具体内容，包括祭日、祭铜鼓、祀河、祀鬼神、祀田（地）神、祈求战争胜利、祭先祖、祭图腾等。而"宗教论"则指出"左江崖壁画是氏族或部落共同的祖先崇拜的表现"，并进一步认为"左江崖壁画表现的应为当时的人们举行原始宗教祭祀时集体歌舞的场面"。

此外，也有部分学者认为，岩画中既包含巫术思想，也蕴含宗教意识。如黄惠琨提出左江花山岩画充满蒙昧思维和宗教意识，带有巫教观念；张雄在其文章中先指出左江花山岩画是宗教思想下自然崇拜和祖先崇拜的画卷，随后又指出这些形象是古代"巫觋"的再现，他们通过歌舞这种神圣仪式与神灵沟通，表现了"以歌舞事神"的古老传统和仪式场景。综合来看，左江花山岩画在巫术和原始宗教中扮演着重要的祭祀工具角色。肖波认为，"从精心挑选的作画位置、红色颜料的运用，到岩画所展现的高度程式化风格，都深刻映射出一种浓厚的宗教氛围。然而，这并不意味着要否认岩画蕴含的巫术元素，相反地，岩画同时承载宗教与巫术双重特性，展现了巫术向宗教过渡的阶段，即原始宗教萌芽并发展的阶段"。

可以说，左江花山岩画是在一个相对较长的特定历史时期内完成的，展现了骆越人对自然界强大力量既敬畏又祈求的复杂情感。左江花山岩画记录的祭祀场景，见证了左江沿岸骆越人独特的社会生活与精神世界，是当时祭祀传统的完美呈现。

古老质朴的宗教信仰

◆ ▶ ◀

目前学界普遍倾向于认为左江花山岩画与祭祀活动紧密相连。我们认为左江花山岩画主要是宗教祭祀活动的珍贵遗存。为此，本书特将岩画中所展现的祭祀形式、祭祀对象，以及左江流域相关的祭祀考古遗存进行了系统整理与归纳，力求为读者呈现出一幅完整而清晰的左江花山岩画祭祀文化图谱。

◆ 祭祀形式

左江花山岩画所绘的祭祀形式丰富多样，主要有乐舞、犬祭、交媾和绘制岩画等。

其一，乐舞。

左江花山岩画大部分画面生动展现了群体性祭祀舞蹈的壮丽场景。画面中，那些蹲踞式人形双臂屈肘高扬，双腿屈膝半蹲，宛如手舞足蹈的舞者。铜鼓、羊角钮钟等古老乐器的伴奏，更添了几分庄重与神秘。崖壁上，数量众多的舞者形象跃然眼前，他们头上或装饰着轻盈的羽毛，或结着古朴的发髻，动作整齐划一，舞蹈组合丰富多变。这种高度一致的动作形态与高

宁明花山岩画中的祭祀场景

度程式化的画面格局，无不深刻揭示了这些乐舞画面的非凡意义——它们决非寻常的舞蹈，而是原始宗教祭祀时集体歌舞的宏大场景，是某种特定信仰观念强烈支配和制约下的形式规范化、固定化、神圣化了的集体舞蹈。

其二，犬祭。

在左江花山岩画的动物图像中，占比最大的是狗图像。这种岩画中的狗形象，极有可能与"犬祭"习俗密切相关。有学者推测，这些狗在祭祀中可能有两种角色：一是祭祀的牺牲，

二是被祭祀的对象。容庚在考释周献侯鼎中的金文时指出，人下方的动物，"象陈牲体于尸下而祭也"。因此，位于正身人像下方的狗的形象，极有可能关乎一种对狗的崇拜与祭祀仪式，即犬祭。

从民俗学材料来看，世代居住在左江流域的壮族中仍然保留着许多崇狗的习俗。在崇左地区，壮族人春节期间以草编狗作为祭祀品，并挂上彩带，将其置于村口供奉；有的地方则用石头凿出狗形，立在村口，希望能够驱鬼禳灾，保佑一方平安。都安的壮族，每每遇到大旱，都会抬狗游祭，以求甘霖。在宁明地区，壮族人民深信狗拥有驱逐邪灵、消除灾祸的力量，部分壮族地区，甚至禁食狗肉，对狗怀有极高的敬意。这些习俗，无疑是对狗特殊地位与意义的深刻体现。

左江地区的犬祭活动一直延续到现代，其流行的时间也与我国其他地区相符合。祭祀的目的多为驱鬼禳灾、消除旱涝灾害，核心内容仍是祈求人的平安和农作物的丰产。

宁明花山岩画中的狗图像

宁明花山岩画中的犬祭场景

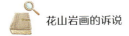

其三，交媾。

左江花山岩画艺术少量地融入了直观展现男女交媾场景的画面。这类图像极少，仅在宁明花山岩画与龙州沉香角岩画中各觅得一幅。在宁明花山岩画中，描绘了一对男女侧身相向、紧紧相拥，呈现出一种亲密的交媾姿态。其中左侧的男性身形挺拔，头上有三叉形头饰，生殖器特征显著；右侧的女性则略显矮小，发饰为垂下的短辫，腹部鼓起，仿佛孕育着新的生命。龙州沉香角岩画点的图像为两人横卧在一个床形的架子之上，一上一下相互叠压。

宁明花山岩画中的交媾图像

　独特内涵：神秘而原始的魅力

古人为什么要把这种交媾的图像绘制在崖壁之上呢？学界普遍认为这体现了古代社会对于生殖繁衍的敬畏与崇拜。这些图像不仅是两性关系的直观表达，更是先民对生命延续、种族繁荣强烈渴望的表达，展现了他们对性行为所带来的生殖功能的崇拜之情。

左江花山岩画以其栩栩如生之姿，展现了骆越先民集体祭祀的壮阔图景。岩画不仅是石头上的艺术，更是骆越先民心灵深处对神灵敬畏与虔诚信仰的直接映射，是他们精神世界最真挚的流露。

岩画创作之艰辛与伟大，非同小可。先民精挑细选，郑重其事地择定崖壁，又委以专职画师，赋予其神圣使命。这一过程，决非简单涂抹，而是祭祀活动中不可或缺的一环，是沟通人神、表达敬意的庄严仪式。因此可以说，岩画的绘制本身就是一种祭祀行为。岩画的每一笔、每一画，都承载着厚重的文化意义与宗教情感，是祭祀行为本身最为直观且深刻的表现形式。

◆ 祭祀对象

既然说左江花山岩画的绘制是宗教祭祀行为，那么祭祀的对象是谁呢？一般认为岩画中高大的正身人像代表的不是被祭祀的对象，而是主持开展祭祀的巫师，祭祀的内容包括祭日、祭铜鼓、祭河神、祭鬼神以及祭生育神和土地神等。

其一，祭日。

左江花山岩画中的祭日场景仅有三处。第一处位于宁明花

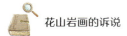

山岩画的第二处第二组，画面左侧绘有一个实心圆，周围有光芒，被学者判断为太阳图像；另外，画面中还有正身人像、铜鼓图像以及狗图像。第二处在驮柏银山岩画第二处第二组，画面约中部位置有一个实心圆，周围有向外辐射的芒线，也被认为是太阳图像，该图像一侧及下方分别绘有正身和侧身人像，部分人像残缺不全。第三处在扶绥吞平山第一组岩画中，画面中的太阳图像与前两处类似，太阳图像周边有一大一小两个正身人像，大者腰间拥剑，胯下有一铜鼓。这三处祭日图基本构图模式为太阳图像在画面靠上的位置，人在太阳下方或旁侧虔诚地歌舞，对太阳顶礼膜拜。

驮柏银山第二处第二组岩画及临摹图

独特内涵：神秘而原始的魅力

其二，祭铜鼓。

左江花山岩画中铜鼓的数量众多，有 360 余面，它们不仅是乐器，更是乐舞灵魂之所在。在进行乐舞之前，必先举行一场庄严的祭鼓仪式。宁明花山、高山、朝船头山、岩敏、岩怀、万人洞、灵芝、龙峡山、珠山、棉江花山、沉香角等诸多岩画点，均留下了祭鼓仪式的神秘印记。有的祭鼓仪式清晰表现了击鼓画面，人群循鼓声而来，围绕着铜鼓翩翩起舞；有的祭鼓仪式没有击鼓动作，只见众人虔诚膜拜于鼓下，每面鼓下方都有一个朝向铜鼓起舞的人。这种对于铜鼓的崇拜，历经千年，依旧在广西民族地区流传不息，在今天的部分民族地区仍有祭鼓仪式和跳铜鼓舞等习俗。

宁明花山岩画第一处第六组中的祭鼓图局部

花山岩画的诉说

高山岩画第一地点第五处图像

壮族地区铜鼓舞

独特内涵：神秘而原始的魅力

其三，祭河神。

左江流域被自然赋予了独特的地貌和气候环境，自古以来便是水患频发的地带。在这样的环境下，当地居民将对先祖的敬仰与对山川河流的崇敬结合到一起，期望通过祖先与神灵沟通，以求减轻水患的侵扰。

左江花山岩画中有多处祭祀河神的场景，如宁明花山、龙峡山、岩拱山、三洲尾山、渡船山、邑赖山等岩画点中，均发现有此类画面。尤为引人注目的是宁明花山第八处第九组画面：一艘两端翘起的小船，船首形似振翅欲飞的鸟儿，船尾则竖立着奇异的棒状物；船上载着五位侧身而立的人物，其中有人头顶双羽装饰，而位于船尾的那位，身形高大，圆头项髻，动作似在奋力划桨，又似在起舞。这样的祭祀场景，不仅出现在岩

宁明花山岩画中的祭祀河神场景

画中，在广西贵港罗泊湾汉墓、西林普驮铜鼓墓出土的石寨山型铜鼓的纹饰上也有类似发现。这些发现见证了古人河神崇拜习俗的广泛传播与深远影响。并且，由此衍生出的龙舟竞渡习俗，如同一股不息的文化血脉传承至今。

其四，祭鬼神。

在左江花山岩画中，一部分正身而立的人像，其头顶佩戴面具，宛如巫师化身。而周遭，其他人像则以一种近乎舞蹈的姿态环绕着正身人像，仿佛在进行一场古老而庄严的仪式。龙州县大洲头岩画的第二组图像，便是这一祭祀场景的经典再现。那些图像虽已历经风霜，却仍旧能清晰地勾勒出古骆越人祭祀鬼神的巫术活动，显示出他们对神灵的敬畏与祈求。

大洲头岩画

其五，祭祀生育神和土地神。

在左江花山岩画中，有两幅描绘交媾场景的岩画。古骆越人巧妙地利用岩画作为沟通的媒介，通过绘制交媾图像，为妇女祈福，寄望这一行为能增强女性的生育之力，让生命之河源远流长。进一步观察发现，崖壁上还画了若干侧身而立、腹部隆起的女性形象。这些孕妇的形象，鲜明地传达出对女性生殖力量的崇拜与颂扬。而与之相呼应的是部分男性形象胯间那夸张上翘的短线，象征着生殖器，这些艺术手法，既直接又深刻，透露出古人对生命延续的那份炽热而纯粹的渴望与尊重。然而，这些表现生殖崇拜的岩画，其背后的祈愿复杂而深沉。它们不仅仅是对人类种群繁衍壮大的期盼，更是对滋养万物、赋予生命的大地之神深深地崇敬。在这片土地上，古人希望通过这样的方式，表达对自然界中动植物丰产、生态和谐的殷切希望。

尽管左江流域骆越先民的祭祀活动包罗万象、繁复多样，但细细品来，不难发现，万千祈愿终归一统——无非是对自身安宁与族群繁衍的深切期盼，以及对动植物繁茂、五谷丰登的美好愿景。简而言之，左江花山岩画中那一幅幅祭祀图景，其背后涌动的核心力量，正是对平安与丰产的无尽渴望。这些图像以一种古朴而直接的方式，淋漓尽致地展现了骆越先民对生殖力量的崇拜，以及对生命之源、自然之馈赠的深深敬畏。

宁明花山岩画中的孕妇形象

❖ 祭祀文化考古遗存印证

左江流域内，祭祀的习俗蔚然成风，其踪迹不仅镌刻于岩画之上，更在早期考古遗存之中。

考古资料显示，早在四五千年前的悠远时光里，骆越先民便已开始了祭祀活动。如前文所述，在桂南地区，考古人员发现了以隆安大龙潭为代表的大石铲祭祀遗存。这些遗存堆积较薄，遗迹类型略显单一，鲜有人类日常生活的痕迹。大石铲遗址中出土的遗物几乎清一色是大石铲，其他类型的遗物仅是零星伴出。通过对广西出土大石铲的质地进行统计后发现，它们多由页岩雕琢而成，质地偏软，显然无法胜任生产工具的重任，且成品大石铲大多造型精美，琢磨细致，没有使用痕迹。先民究竟为何要费心制作这些好看但不实用的石铲呢？考古学家推测，这些精工细作、外形美观的大石铲，显然已超越了日常生产用具的范畴，更可能是为了满足某种深层次的精神追求而制作。更为有趣的是，考古发掘时还发现，这些大石铲的摆放决非随意，它们多以刃部朝上、柄端朝下的姿态直立或斜立，其

隆安大龙潭遗址祭祀面（谢广维供图）

中直立者更是铲面朝向东北微微倾斜，有较为明确的指向。

学者深入分析后认为大石铲或源自早期的双肩石器，是一种与农业祭祀有关的祭祀用品。大石铲遗存所代表的祭祀传统与左江花山岩画祭祀习俗之间应该存在着某种传承关系。

龙州上金乡联甲村板曲屯出土的大石铲

◆ 葬俗中的祭祀文化

"死生亦大矣"。死亡，是一个人生命的终结，如何终结生命，如何处理人的遗体，对古人来说是非常重要的问题。由此产生的习俗，也是原始宗教观念的体现。左江流域的原始宗教观念可以在墓葬遗存中窥见一二。

首先是压石习俗。所谓压石墓，就是一种在人骨、墓坑口上或者墓内其他位置压放数量不等的石头的墓葬。古人认为人的灵魂是不会随着肉体毁灭的，那些由于特殊原因死亡之人的灵魂若是离开肉体，极有可能对活人造成伤害，所以必须采取一定措施来防止其离开。因此，古人会在遗骸上压放石头，以阻止死者灵魂离开肉体。这种墓葬多发现于广西地区新石器时

崇左江边遗址压石墓

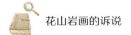
花山岩画的诉说

代的贝丘遗址当中，左江流域也大量发现。

第二是红硷习俗。这种墓葬是指用红色矿物或红色物体进行硷葬的墓葬。类似的葬俗在南宁城区、横州等地均有发现。有学者研究认为，这种红硷葬是法术仪式的产物，可以防止神灵作祟，表现了古人对神灵的崇拜。不过，更多学者认为其反映的是古人的崇红观念，红色在古人心中代表生命。

第三是屈肢葬习俗。屈肢葬是相对于直肢葬的一种特殊葬俗，它的主要特征是将遗体肢骨屈折，使其下肢蜷曲，然后葬入墓坑内。这种葬式在广西地区非常常见，有人认为这是对胎儿在母体中姿态的模仿，寓意着生命的回归；有人认为通过束缚死者的四肢可以稳固其灵魂，防止其灵魂走失；有人认为这样做是为了保持逝者生前休憩或睡眠的安详姿态，使其能在宁静中永远沉睡；也有人认为这是为了防止死者的灵魂游离而出，所划开的活人与逝者灵魂之间的界限。综上所述，无论哪种解释，都深刻地反映了古代先民对于灵魂永恒和生死轮回的原始宗教观念。

第四是肢解葬习俗。在广西地区史前墓葬中，发现了一些肢解葬墓。如在邕宁顶蛳山遗址、南宁凌屋遗址、崇左何

龙州根村遗址屈肢葬

村遗址、崇左冲塘遗址等史前遗址中发现了不少该类型墓葬。肢解葬墓中的骨骼被精心地放置，有严格的朝向。有研究人员认为，这种遗骸的摆放方式表明肢解葬应该是在死者去世不久、软组织尚未腐烂时被有意肢解和摆放而成的。这种富有深意的排列，可能揭示了古代先民对于方位、宇宙秩序或是生死观念的独特理解，反映了先民的某种原始宗教观念。

第五是蹲踞葬习俗。蹲踞葬主要流行于邕江流域和左江流域的史前遗址中。蹲踞葬的特点为：死者双腿屈膝蹲坐，头顶朝上，面部朝下，身体脊椎向前弯曲，上身整体向前靠，大腿与腹部相贴，双手或交叉放置于胸前，或反剪放置于背部，或环抱于膝前。关于广西地区蹲踞葬的含义，探讨者不多，但不论其具体含义是什么，这种葬式都反映了先民"灵魂不灭"的宗教观念。

崇左市江州区何村遗址蹲踞葬

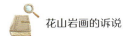
花山岩画的诉说

第六是岩洞葬习俗。桂南和桂西地区发现了大量新石器时代晚期至先秦时期的岩洞葬墓，这类葬俗以天然洞穴作为埋葬地来安置死者。左江花山岩画分布区也是古代岩洞葬墓最为密集的区域之一，部分岩洞葬墓就在岩画点附近，在时间上也大致可以衔接，我们可以合理推测，二者在古人的精神世界中应当存在密切的情感记忆关联。山、水、洞，这三者在骆越先民心中均具有崇高地位，其中岩洞是古人生活之处所，是亡灵之归宿。人们特意选择洞穴作为墓葬之所，意在引导逝者的灵魂回归到祖先生活的地方，期望逝者的灵魂在此得到安息，避免对生者世界造成干扰。

这些墓葬习俗，无不体现了左江流域古人深邃的精神世界和原始宗教信仰，与左江花山岩画在文化内涵上存在着千丝万缕的联系。

昔日繁荣的骆越文明

· ▶▶ ·

    在春秋战国直至东汉那段悠长的岁月里，左江流域乃是骆越人聚居的核心之地。这群智慧的骆越先民，在这片土地上，以崖壁为纸、矿石为墨，绘制了璀璨夺目的左江花山岩画。当我们凝视这部凝固的历史长卷时，仿佛能穿越时空的迷雾，真切触碰到那曾经辉煌一时的骆越文明，感受其独有的韵味与风华。

    在中原地区，夏商周直至春秋战国，青铜文化鼎盛。而中国的南方地区亦然。中国著名考古学家苏秉琦先生在《中国文明起源新探》一书中明确指出："岭南有自己的青铜文化，有自己的'夏商周'。"从左江花山岩画中，可以捕捉到骆越人迈入青铜时代的一些特征，如铜鼓、环首刀、羊角钮钟、剑等青铜器物图像都说明了当时已经出现了青铜文化，这些器物图像与出土的实物遥相呼应。

罗泊湾汉墓铜鼓

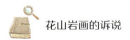
花山岩画的诉说

在广西地区发掘的较高等级墓葬，往往以数把青铜刀、剑作为陪葬。当我们再次凝视左江花山岩画时，会发现一个耐人寻味的细节：唯有那些稳居画面中央、身姿挺拔的正身人像，腰间才赫然悬挂着刀、剑。我们是否可以推测这些人物就是骆越人中的首领或将领？

田阳内江剑

花山岩画临摹图

骆越的青铜文化有自己的发展轨迹。考古专家在广西百色市那坡县感驮岩遗址商文化层中，发现 1 件铸铜石范，其碳 –14 年代测定为距今 3800—2800 年。而在广西南宁市武鸣区马头镇元龙坡西周至春秋墓葬中，也发现较为完整的铸铜石范 6 套。这些发现在昭示着，早在商周时期，骆越先民已经学会了青铜铸造技术，而到了战国秦汉时期，骆越人的青铜铸造技艺已达到较高阶段。这不仅仅体现在青铜器物的铸造上，更在于其使用的多样化与复杂化，从锋利的兵器，到悠扬的乐器，再到庄重的礼器，无一不展现出骆越青铜文化的深邃与丰富。左江花山岩画中那羊角钮钟、细钮钟（铃）与铜鼓的生动合奏，便是这一时期骆越青铜文化繁荣昌盛的乐章。

日渐式微的作画习俗

◆▶◀

当下学界普遍认定，左江花山岩画的绘制时代跨越战国直至东汉，但其发展与繁盛阶段在战国至西汉时期，至东汉时渐趋式微。此论断何以为据？从前文对岩画分期的剖析中，我们不难发现，左江花山岩画从开创期到鼎盛期，岩画的数量是增长的；而从发展期到衰落期，岩画则呈现出由盛转衰的迹象。到了岩画发展的最后一个阶段，绘制地点大幅缩减，图像种类与数量亦急剧下降，画面趋向高度简化，图案化倾向显著，往昔开创期那般写实韵味浓厚的图像已荡然无存，岩画所营造的氛围亦远不及前三期那般浓烈且庄重。那么，究竟是何缘由导致了岩画绘制传统的凋零呢？

关于这个问题，学界亦是众说纷纭。覃圣敏等学者主张，左江花山岩画是氏族或者部落共同的祖先崇拜的表现，其最终消逝，皆因家庭祖先崇拜逐渐取而代之。盖山林则提出，岩画绘制的终止，或许与秦汉时期中原文化大举涌入广西地域紧密相关。而肖波认为："左江（花山）岩画作画习俗的消亡应该是人们宗教观念变化的结果，即宗教取代了巫术。"他推断，岩

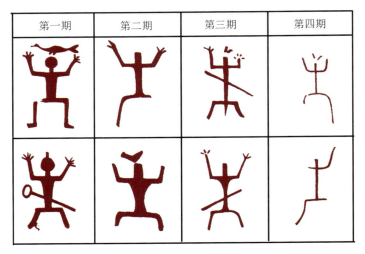

左江花山岩画各时期正身人像的变化（广西壮族自治区文物局供图）

画之初创，意在通过巫术手段，借天神或祖先之力以镇水神；然随时间推移，人们发觉此举并未带来实质改观，左江洪水依旧肆虐，加之生产力发展，知识水平提升，人们对水神的态度由镇压转为讨好，岩画逐渐失其本初功能，终至被人们遗弃。李富强则认为，绘制习俗衰落，缘由复杂且多元，归根结底，是由于秦始皇统一岭南，大批汉人进入岭南，对骆越人的经济社会文化产生了巨大影响。

上述诸家之言，皆不无道理。我们认为，左江花山岩画绘制传统的衰落与中原文化的涌入密切相关。考古学者在左江流域亦发现了中原与广西交流的实物佐证——庭城遗址。庭城遗址位于龙州县上金乡联江村附近明江和丽江交汇形成的半岛的二级台地上，面积约 2600 平方米。该遗址的第二期遗存颇具典型的汉代特征，出土的绳纹瓦片与南越国宫署遗址出土的瓦片类似，陶片中的米字纹、方格纹和米字加戳印纹的特征，更是典型的汉代风格。综合科技测年的数据和遗物特征，考古学家判定，庭城遗址第二期遗存的年代为西汉时期，距今约 2000 年。我们认为，该遗址是在汉代被短期使用过的带有军事性质的城址，可能是汉代雍鸡县的县治所在地。

庭城遗址主要是西汉时期的遗存，表明这一时期汉王朝的管理已经深入到这一区域。随着汉文化的南传以及左江流域纳入中原王朝的版图，本地传统文化必将受到强烈冲击，带有原始宗教信仰的祭祀习俗也一定会受到强烈影响。左江花山岩画西汉初期鼎盛，到东汉时式微，与庭城遗址所反映的史实是一致的。在历经了 700 年的风风雨雨之后，左江花山岩画完成了它的历史使命，而逐步退出了历史舞台。

今天，当我们站在左江花山岩画前，追古抚今，既为骆越先民伟大的创造而感到骄傲，也为我们能够拥有这样卓越的世界文化遗产而自豪。我们别无选择，唯有保护与利用好它，才能够不愧对祖先和子孙后代。

龙州庭城遗址出土的瓦当残件

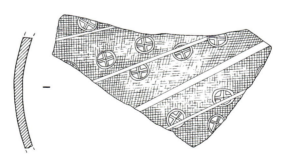

龙州庭城遗址二期出土的饰方格纹、弦纹和圆形戳印纹的陶罐腹部残件

后记

　　左江花山岩画，作为中国和世界独特的物质与精神遗产，具有丰富神奇的文化内涵。这些岩画以历史悠久、规模宏大、内涵丰富和价值独特而著称，成为中华民族乃至全人类的文化瑰宝。

　　左江花山岩画是战国至东汉时期骆越人的杰作。骆越人在左江两岸悬崖峭壁上绘制的神秘图案，反映了他们的生活场景、宗教信仰和审美追求。

　　面对左江花山岩画需要研究的种种学术问题，考古是一把不可或缺的钥匙，它在揭示岩画产生的历史背景、年代、族属、文化内涵，以及助力其申遗成功等方面，都扮演了至关重要的角色，是人们深入了解岩画背后故事的神秘推手。例如，通过考古工作，研究人员得以发现与岩画相关的古代器物，如环首刀、短剑、铜鼓、羊角钮钟等，这些多为战国到东汉时期广西地区较为流行的器物，为确定岩画的绘制年代提供了重要线索。又如，考古人员通过研究考古遗存，确定左江流域早期考古学文化不仅具有独特的地域特色，而且是连续发展的，这为确定岩画作画人群的族属提供了有力的学术支撑。

　　本书由我和陈紫茹、车静共同完成。陈紫茹自读硕士研究生时便开始跟随我参与左江花山岩画文化景观申报世界文化遗产有关的考古课题研究，包括考古调查、发掘与资料整理工作，至今已有12年。车静在读硕士研究生时研究的方向就是岩画，对全国岩画情况比较熟悉，近几年也一直在从事左江花山岩画的研究。尽管左江花山岩画的书籍已经出版了不少，但我们觉得从考古学者的视角，用生动的语言和丰富的插图，讲述岩画背后故事的书籍还是太少。我们撰写此书，力求准确、客观、生动、有趣，让读者仿佛置身于那些古老的岩画现场，感受那份来自远古的震撼与感动。

然而，我们也深知，由于篇幅限制，在这本书里无法全部讲述我们想要讲的故事，更由于水平有限，我们所要讲的内容也不一定讲好了，甚至可能有很多错误。但我们还是希望通过这本书的出版，增强全民族的文化自信，激发更多人对文化遗产的热爱与关注，自愿加入到文化遗产保护的伟大事业中来，共同守护我们的精神家园。

在本书即将付印之际，我们要特别感谢为本书出版提供帮助与支持的领导、同行与朋友们，以及所有为左江花山岩画研究和广西考古事业做出贡献的人们，是你们的辛勤付出与不懈努力，才让我们有机会触摸到那段遥远而辉煌的历史。愿这本书能够成为连接过去与未来的桥梁，让左江花山岩画的光芒永远闪烁在人类文明的长河中。

杨清平

2024 年 10 月

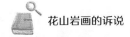